U0838194

观海听涛

侯远长 徐宜发 王留彦 等著

中原出版传媒集团
大地传媒

大象出版社
·郑州·

图书在版编目（CIP）数据

观海听涛 / 侯远长，徐宜发，王留彦著.— 郑州 ：
大象出版社，2014. 12
ISBN 978-7-5347-8191-9

Ⅰ. ①观… Ⅱ. ①侯… ②徐… ③王… Ⅲ. ①范海涛—生平事迹
Ⅳ. ①D263

中国版本图书馆 CIP 数据核字（2014）第 239300 号

观海听涛
侯远长　徐宜发　王留彦　著

出 版 人　王刘纯
策　　划　王文学
责任编辑　郭运庆
责任校对　张迎娟　毛　路
装帧设计　王莉娟

出版发行　大象出版社（郑州市开元路 16 号　邮政编码 450044）
　　　　　发行科　0371-63863551　总编室　0371-65597936
网　　址　www.daxiang.cn
印　　刷　河南鸿运印刷有限公司
经　　销　各地新华书店经销
开　　本　787mm×1092mm　1/16
印　　张　13.25
字　　数　165 千字
版　　次　2014 年 12 月第 1 版　2014 年 12 月第 1 次印刷
定　　价　40.00 元
若发现印、装质量问题，影响阅读，请与承印厂联系调换。
印厂地址　郑州市二七区侯寨乡红花寺社区杨垛工业园
邮政编码　450000　　　　　　电话　0371-68719516

前　言

河南是一片从不缺少英雄模范的土地，尤其是太行山下、黄河北岸、牧野大地——新乡。

新中国成立60多年以来，在新乡这片土地上，先后涌现出史来贺、吴金印、张荣锁等一大批先进典型，这些典型如同恒星般闪耀着璀璨的光辉，在中原大地上形成了令人瞩目的新乡群星现象。

如今，在这片神奇的大地上，又诞生了一颗新星。他就是全国人大代表，全国道德模范，全国劳动模范，辉县市孟庄镇南李庄村党支部书记，河南孟电集团党委书记、董事长范海涛。

范海涛是一名党员干部。他始终牢记党的宗旨，坚守党的信念，处处以党和人民的利益为重，在党和人民需要的时候，勇于承担责任，主动分担困难。他党性强，作风硬，坚持带领广大群众走共同富裕的道路。为改善村民居住环境，孟电集团出资1.6亿元，为全村351户村民每户无偿建造一套270平方米~290平方米的叠加复式别墅；2011年出资3000多万元，为村里建设家居建材城和服务中心，使村民年收入由1000多元增加到15000元，集体收入由负债累累到年收入500多万元；2013年出资250万元建设了社区敬老院；2014年又出资亿元为村上规划建设家居建材城二期、农贸市场，现已全部建成，每年人均可再增收 1 万元，达到 2.5 万元。孟电集团还投资 80 多万元，建立了新乡市村级后备干部培训基地，并每年帮扶资金 30 万元，与新乡市 102 位新中国成立前入党的党员结成对子，在资金、子女就业等方面给予扶持和帮助。这是何等的境界和气魄！

范海涛是一名企业家。他努力拼搏，开拓创新，不断推动企业做大做强。进入新世纪后，他积极调整产业结构，努力转变发展方式，先后建成 6 条干法水泥生产线，并在全国率先爆破拆除了价值 10 亿多元的小火电机组，投资 26 亿元建成了两台 30 万千瓦热电机组，使该企业走上了科学发展、可持续发展的循环经济之路。2013 年，孟电集团总产值约 60 亿元，纳税 1.54 亿元，创造了新乡民营企业发展史上的孟电奇迹。

范海涛是一名普通公民。他孝敬父母，待人宽厚，乐善好施。他给自己定了一项规定：再忙都要经常回家陪父母吃饭，都要坚持给父母洗脚。在村里，他坚持每个月都要到村老年公寓陪老人们吃一顿饭，逢年过节一定要去看望老人。他设立了 200 万元的教育专项基金，资助数百名寒门学子圆了大学梦。遇到素不相识的人需要救助之时，他也毫不犹豫一次一次伸出温暖之手。

范海涛常说的一句话就是：爱党，就要为党做点事情；爱乡亲，就要富一方百姓；爱社会，就要奉献一片爱心。这是多么朴素而又高尚的思想境界啊！

2014 年 3 月 17—18 日，中共中央总书记、国家主席、中央军委主席习近平到河南兰考调研指导党的群众路线教育实践活动时指出，要重点学习弘扬焦裕禄的公仆情怀、求实作风、奋斗精神和道德情操，要组织党员、干部把焦裕禄精神作为一面镜子来好好照一照自己，努力做焦裕禄式的好党员、好干部。

范海涛，正是用自己的一言一行，生动践行着焦裕禄精神！

为了总结宣传范海涛的先进事迹，发挥先进典型的模范作用，以河南省委党校专家教授为主创的编写组，组织撰写了《观海听涛》这部反映范海涛事迹的报告文学作品。

《观海听涛》是一个具有诗情画意的名字，也是一个充满大情怀、大视野的名字。作为人物传记类的作品，《观海听涛》写法上以报告文学为主，但又不拘泥于单一的表现手法，它兼具文学性、新闻性、理论性，以平实的笔调、循序渐进的结构，全方位向读者讲述了范海涛的成长历程，展示了范海涛的高尚情操，带领读者走进范海涛的精神世界，是一部思想性、艺术性、可读性兼备的优秀作品。

伟大的时代呼唤伟大的精神，崇高的事业需要榜样的引领。但愿《观海听涛》的出版，能够为涌现出更多优秀的基层干部提供正能量，能够为实现中华民族伟大复兴的中国梦提供强大的精神力量！

目 录

引子:观海听涛　踏山觅水

太行天下脊。

八百里太行北起北京西山,南达豫北黄河北崖,西接山西高原,东邻华北平原,逶迤于河北、山西和河南三省之间,像一条巨龙雄踞于华北平原和黄土高原之间。

太行山高耸险峻,气势磅礴,古往今来,无数文人骚客、英雄豪杰留下许多壮丽诗篇:一代枭雄魏武帝曹操,登临太行,发出"北上太行山,艰哉何巍巍"的喟然长叹;唐代著名边塞诗人王昌龄,面对太行山,写下"北上太行山,临风阅吹万"的感慨;一向豪放的诗仙李白,游览太行山,留下"欲渡黄河冰塞川,将登太行雪满山……北上何所苦,北上缘太行"等沉滞而凝重的咏叹;杰出的无产阶级革命家、诗人陈毅元帅在太行山革命根据地期间,以雄浑豪放的笔墨写了《过太行山书怀》,生动描绘了"太行山似海,波澜壮天地。山峡十九转,奇峰当面立"的太行雄姿……

太行山是一首千古绝唱的诗章,太行山是一幅亘古旷世的画卷。

太行山是美丽的,而太行山把最美的一段留给了河南,这就是南太行。南太行美在刀削斧劈、绝壁林立的断崖;美在静谧幽深、狭长曲折的峡谷;美在浓荫蔽日、绿浪滔天的林海;美在如练似银、万壑争流的溪流瀑布……

南太行风光雄秀兼备,绚丽无比!

地处南太行的河南新乡辉县,更是荟萃了太行山水之精华,云海、奇峰、松涛、挂壁公路、崖上人家、红岩峡谷,集雄、奇、险、幽、美于一体,成为八百里太行最亮丽的名片。

雨后初晴,登临新乡辉县太行峰顶远望山谷,白雾缭绕,山风吹过,雾气翻滚涌落,如临大海之滨,波起峰涌,浪花飞溅,惊涛拍岸,宛若仙境。太行云海气势博大无垠,令人心驰神往!

夜深人静,夜宿新乡辉县太行人家卧听天籁,山风携来阵阵松涛,时像万马嘶鸣,时像海水咆哮,时像百籁齐发,时像美妙音乐,如潮似涌,激越磅礴。经太行松涛洗礼,心灵荡涤,如遁空灵之境!

在太行山观海听涛,是何等美妙!

巍巍太行,也是一片充满红色传奇的土地。这里不仅在抗战时期用烽火和号角锻造了中国革命的传奇,也在新时代用汗水和热血谱写出感人至深的时代赞歌。

太行山下的新乡,就是一片英模辈出的土地。这里先后涌现了史来贺、郑永和、吴金印、范清荣、刘志华、张荣锁、耿瑞先、裴春亮、范海涛等全国先进典型,形成了新乡"群星荟萃"的独特现象。

这本书要讲述的主人翁,就是全国人大代表,全国道德模范,全国劳动模范,辉县市孟庄镇南李庄村党支部书记,河南孟电集团党委书记、董事长范海涛。

范海涛的事迹生动感人,催人奋进。为了承诺还给家乡群众碧水蓝天,他炸掉价值10亿多元的小火电厂;为了承诺让南李庄的村民过上和城里人一样的生活,他的企业投资1.6亿元,为全村351户村民每户免费建造一套270平方米~290平方米的新式别墅。他掌舵企业后使孟电集团的固定资产从改制前的2.5亿元增至现在的约60亿元,年上缴国家税金由改制前的 800 万元增长到 2013 年的 1.54 亿元;他当选村支书后使村民年收入由 1000 多元猛增至 15000 元,集体经济年收入达 500 多万元。

范海涛,他把党的利益、人民的利益和国家的利益看得高于一切,他常常告诫自己:爱党,就要为党做点事情;爱乡亲,就要富一方百姓;爱社会,就要奉献一片爱心。他的先进事迹在新乡、在河南乃至在全国引起了强烈反响,他成为闪耀在南太行的又一颗明星!

观海听涛,踏山觅水。让我们追寻范海涛的足迹,去感受他那大海一般的博大情怀,去探寻他那波涛一样的激情岁月!

第一章

父母风范：严父慈母　良师益友

儿呀，你就做这么点事，组织就给你这么高的荣誉，领奖以后归零！回家后从零开始，做好服务百姓的每一件事！我和你妈都相信你不会给党丢脸！

——范清荣

巍巍太行山延绵千里,伟岸挺拔,历尽沧桑,留下了许多美丽的传说。在太行山下,河南辉县孟庄镇是一片古老的土地,这里的人们正在传颂着两代劳模范清荣和范海涛父子俩的故事:几十年来他们把自己的聪明和智慧化作巨大的力量,带领村民摆脱贫困走上了富裕之路,实现了祖祖辈辈的千年梦想。

共产党救了我们这些穷苦人

走进孟庄镇,展现在我们面前的是一派热气腾腾的景象,孟电集团旗下的发电厂、水泥厂、编织厂生产繁忙,别墅式的农民住宅小区满眼翠绿像花园一样,宽敞的柏油大道四通八达……昔日的落后村变成了一座现代化的小城镇,今日的南李庄人个个扬眉吐气,过上了无忧无虑、美满富足的新生活,这一切都凝聚了范家两代人的心血。

辉县地处河南、山西交界处,北依太行,南眺黄河。周为共伯国,西汉置共县,北齐改获嘉县,隋改共城县。金朝贞祐三年(1215年)这里有座清辉殿,故称辉州。明朝洪武元年(1368年)废州改县,辉州便改名为辉县。千百年来,人们世世代代在这青山绿水之间辛勤劳作休养生息,创造了富有特色的地域文化,在中华民族的历史上留下了浓重一笔。

辉县人杰地灵,英雄辈出。

辉县古称洪州,800多年前北宋穆桂英率领杨家将大战洪州城成为美谈。

抗日战争时期,出生在辉县高庄乡的郭兴16岁参加了八路军,18岁任太行五分区武工队队长和辉县抗日政府区长,他带领武工队队员以常人难以想象的胆略和睿智,灵活作战,出奇制胜,像一把匕首一样插在敌人心脏,曾获太行山特级战斗英雄称号。新中国成立后以郭兴为原型的文学作品和电影《平原游击队》先后问世,主人公双枪李向阳家喻户晓,太行英雄的事迹影响了几代人。

范清荣

1933年农历九月初一,范清荣出生在辉县孟庄镇南李庄的一个贫苦农民家庭,他的降生给全家人带来的不是喜悦而是更大的忧愁。南李庄本不是一个村庄,而是一片无人居住的荒地。早年山西闹灾荒,洪洞县的农民成群结队逃荒来到辉县,看到这里还能耕种,有活命的希望便屯居下来,于是才有了南李庄。

逃荒来的灾民命是保住了,但祖祖辈辈日子过得都很清贫。范家本来就已是清汤寡水的饭锅里,因为小清荣的问世又要多加一碗水,父母艰难地抚养着一个个小生命,日子一天比一天难熬,不久母亲患病离世,父亲拉扯着他们兄弟姊妹艰难度日。

1938年2月,日本鬼子进犯中原,辉县沦陷,在日本侵略者的铁蹄蹂躏下,民不聊生,老百姓的日子更加艰难。

1940年,兵荒马乱,辉县天旱地裂又闹蝗灾,庄稼颗粒无收,眼看人都活不下去了,父亲无奈,狠心把弟弟就近送人找到一条活路。

第二年春天,不满8岁的范清荣跟着父亲和哥哥逃荒要饭。父亲带着他们兄弟二人忍饥挨饿,好不容易逃到了山西霍县(现改设霍州市),感到无路可走,只好找个买家,忍痛割爱要把小清荣卖掉找个活路。

范清荣懂事早,非常理解父亲的难处,为了活命不由分说跟着陌生人走了。到了这个新家,主人让他把上衣脱掉仔细检查身上有没有毛病,发现小清荣年幼挑担致使右肩低左肩高，怕他干不成活执意退回。第二天，主人便带着清荣在一孔破窑洞里找到父亲，说明清荣两肩高低不一样，换走了哥哥。十指连心，兄弟俩都是爹的心头肉，哥哥走了父亲心里很不是滋味，时常暗暗流泪。

哥哥到一个陌生的家，无时无刻不在想念自己的亲人，没过两天，哥哥带着一个没舍得吃的烧饼悄悄来到破窑洞给了父亲。爹爹哪舍得吃啊！他转手给了小清荣。清荣打记事儿都没吃过这东西，咬一口香喷喷，怎么也不舍得一下子吃完，几天过后才吃完了这个一辈子不能忘记的烧饼。我们采访的时候，老人家两眼湿润地说起 70 多年前的那一个让他刻骨铭心的烧饼——那不是一个普通的烧饼，那是哥哥送来的骨肉之情！

父亲领着小清荣在他乡靠讨要度日，历尽人间艰辛走投无路，1944 年不得已又回到了南李庄，天天泡在苦水里总算熬到了解放。土改那一年，范清荣一家和广大贫苦农民一样分到了土地和房屋，从此过上了新生活。

经受过严冬的人最能感受到太阳的温暖。这时已长成大小伙子的范清荣是一个知恩并懂得感恩的人，他深深懂得是共产党救了他们全家，常说的一句话是没有共产党就没有我的今天，听党的话跟党走，党叫干啥就干啥。这朴实无华的言语，折射的是一个翻身农民对党无限忠诚的朴素感情，范清荣干起活来浑身有使不完的劲。他参加了民兵组织，事事处处走在前，拥护党的政策，积极工作，表现出极大热情。

1954 年他加入了共产主义青年团，不久担任团支部书记，带领青年团员，工作样样都很出色。人们都说他是一块好料。其实，范清荣也有自己的困惑与烦恼，最大的困难就是不识字，干体力活他一人能顶几人，再苦再重的活都能拿下来。可是他斗大的字不识一个，简直是个睁眼瞎，好多事都耽误在没文化上，难为得直冒汗。范家上数几代人都是面朝黄土背朝天的农民，养家糊口都是饥一顿饱一顿，哪里有钱进学堂？到了范清荣这一代连活命都成了问题，更别说上学了。

现实生活让他深深体会到，干事没有文化不行，创业没有知识不成。恰在这时，村里办起了扫盲班，范清荣生怕耽误似的抢先报了名，不知从哪儿找来一张草纸对折裁开缝成本子，又把别人扔掉不用的铅笔头捡起来再用，这就是他的全部学习用具。

他珍惜每一堂课，天一黑就撂下手里的活，总是第一个搬着凳子进课堂，唯恐去晚了漏听老师讲课。没有课本，老师自编教材由浅到深先教识字；没有黑板，他们临时卸掉一块门板；没有课桌，两腿一并膝盖当作课桌写字用……这就是最原始的中国式教育。

扫盲班的学生年龄参差不齐，已是20多岁的范清荣像小孩子一样，课堂上认真听，认真记，一笔一画地写，跟着老师一句一句地念，像是幼童牙牙学语；放学回到家里躺在床上还像过电影一样默记刚学到的字，白天空闲时蹲到地上捡个树枝或瓦片写写画画可认真了。他知道能这样安稳学习来之不易。

范清荣凭借他的天赋与勤奋在扫盲班里收获了许多，学习结束能看报纸了，大概知道里边写的是啥意思了。多少能识点字，这在20世纪50年代初期可不简单了，也算是个文化人。范清荣怀有一颗感恩的心，把满腔热血都倾注在工作上。他坦荡无私，勤勤恳恳，赢得了群众信赖和组织信任，1955年国庆节那天，他光荣地加入了中国共产党。

有情人终成眷属

男大当婚，女大当嫁。范清荣入党那年已经是二十好几的大小伙子了，也到了谈婚论嫁的年龄了。他人缘好威信高，自然来说媒的人也不少，可他为啥偏偏看中了邻村的农家女子顾族荣？这话还得从头说起。

顾族荣

顾族荣1938年出生于距南李庄不远的新桥村一个贫困农户家庭。新桥村与南李庄一样，那个时候都是豫北地区穷得叮当响的自然村。顾族荣的父亲是一个老实巴交的庄户人，满身的力气，辛辛苦苦一年到头硬是养活不了一家人，天天是吃了上顿没下顿，孩子饿得皮包骨头。这个铮铮铁骨的大汉不忍心再这样下去，就在顾族荣出生前的4个月，一狠心丢下已有身孕的妻子和女儿，当兵走了。

父亲走后100多天，又一个小生命降临在顾家，母亲给她取名叫顾族荣，把顾家的希望寄托在她身上，盼望她长大成人有出息，能给家族人带来荣耀。父亲走后，这个家像天塌下来一样，留下母女三人，这日子怎么熬啊！母亲性格刚强从不示弱，她要想方设法把两个孩子带大，活出个人样来。她像大山一样挺立，用全身的力气支撑着这个家。白天妈妈怀抱小族荣，小姐姐跟在后面一起下地干活，晚上母亲把她俩哄睡着还要纺线织布做针线活。别看小姐姐只比小族荣大6岁，可顶了大事了，妈妈干活她来照看小族荣，姊妹俩形影不离，让妈省了不少心。就这样，她们母女三人相依为命走过了一年又一年，姐姐长到十多岁成了妈的好帮手，小族荣也到了六七岁，也能跑个腿儿、打个杂，最难的岁月总算挺了过来。

1945年抗日战争的炮火刚刚停息，顾族荣的父亲脱下军装回到家乡，一家人团聚了。1949年小弟弟顾元明出生，父母高兴得不得了。就是这一年新中国成立了，家里也分了地，分了房，顾族荣一家喜上加喜，眼看着日子越过越好，谁知天有不测风云，父亲患上了肺结核，就在顾族荣13岁那一年，父亲病情恶化离开了人世。姐姐16岁出门嫁到外村，母亲带着顾族荣姐弟俩饥一顿饱一顿艰难度日。

一天天长大了的顾族荣心疼母亲,一天到晚想的是咋能替妈干点活,为这个家出点力。一天,她不知听谁说新乡纱厂有很多都是从上海来的人,拖家带口都要找保姆,心想自己别的干不了,洗衣、照看小孩这些事总可以吧。她抱着试试看的想法,到了新乡,被一位纱厂女工看中了,15 岁的顾族荣成了她家的保姆,洗衣、干家务、看孩子都是顾族荣的活,一月给 3 元钱工钱。顾族荣长这么大都没一下子见过这么多钱,第一个月拿到 3 元钱把她喜得一夜都没睡好:总算能替娘为这个家出力了!

她很珍惜这份工作,每天早起晚睡,把家里收拾得干干净净,哄得小孩离不开她,深得女主人喜欢,节假日女主人主动提出让顾族荣回家看看。新乡距辉县新桥村要说不能算远,还通汽车,顾族荣每次回家女主人都把车费给足,顾族荣哪舍得花钱坐车!她宁可来回步行四五个小时也要把这钱省下来。

1955 年,顾族荣已是 17 岁的大姑娘了,全国农村建设掀起了新的高潮,村里的年轻人整天忙忙碌碌干得可有劲了。家乡轰轰烈烈的建设场面感染了顾族荣,她思来想去,在外当保姆不是常事,她也想投身于农村的大变革中,干出一番属于自己的事业。考虑几天,她下决心要回家,几次给女主人讲想回村里干活,起初女主人说啥不同意,顾族荣说得多了她也想开了,终于同意顾族荣回新桥。

顾族荣回到家乡一头扎进了识字班,她知道不识字啥也干不成,听起课来特别认真,不管是晚上下课回到家里,还是白天下地在田间地头,只要一有空就写呀画呀,把老师讲的课文内容背得滚瓜烂熟。也许是年龄大了理解能力强,也许是她有这种天分,学的知识都能牢牢记住,她成了那一茬拔尖的人,自然也成了村里的积极分子,白天忙地里的活,夜晚不是学习就是开会,这一切都让村党支部书记田树文看在眼里,看准了顾族荣是一棵

范清荣、顾族荣合影

好苗子，刚满 18 岁她加入了中国共产党。

范清荣也是个能吃苦、肯干事的青年人，恰逢组织上安排他在新桥村任团支部书记，带领一拨儿青年人干得热火朝天。田书记工作很细心，看着范清荣和顾族荣都老大不小了也该成个家了，两个人都积极要求上进，还是挺般配的，如果能结合到一起那是再合适不过了。田书记瞅准时机把这个心思悄悄地说给了这一对年轻人。两个人都饱尝了人间疾苦，一见面很能说得来，相互认准了都是值得依赖的人。几次见面后，顾族荣愈加感到范清荣是个有责任有担当的人，虽说穷得连自己的一片瓦都没有，还是住在分来的那间屋子里，但她深信只要踏实肯干不愁没有地种，没有房住，打心眼里喜欢上了他。

在范清荣眼里，顾族荣胆大心细，不怕吃苦，绝对是个好伴侣，从眼神里也可以看出她心里好像还有什么事没有说出口，还有顾虑。的确，有一桩心事一直埋藏在顾族荣的心底，她一直在琢磨：嫁到范家留下娘和弟弟咋办？娘的年纪一天天见老，弟弟元明还不满 7 岁，他们孤儿寡母谁来照看？留在心中的牵挂让她放心不下。

顾族荣说出了自己心中的惦念，范清荣还以为是多大的难事。一听这话他爽朗地笑了起来，说：你娘就是我娘，你的弟弟也是我的亲弟弟，搬过来咱们一起住，这还有啥说的！听范清荣这么一说，顾族荣的眼泪一下子流了出来，心中那团乌云顿时化作乌有，两人当即定下了成婚的日子。

1956 年农历正月初六，没有鲜花、喜酒和大餐，就在范清荣分到的那间房子里，有田书记、娘和弟弟元明做证，范清荣和顾族荣结为伉俪，大家都夸他们是天生的一对。小两口恩恩爱爱，当年 11 月 22 日，他们的儿子范水利出生了,成了姥姥的心肝宝贝儿,一家人有苦同吃,有难共担,是一个远近闻名的幸福之家。

言传身教树立良好家风

范清荣工作勤奋、觉悟高、原则性强,很有组织能力,1957 年底出任南李庄党支部书记。他心里明镜一般——这是责任,这是一副沉甸甸的担子。他边工作边学习,不断汲取知识的力量,不然难以挑起这副沉重的担子。

1957 年是我国社会主义建设进程中重要的一年。新中国成立之后,经过了三年的经济恢复,医治了战争的创伤,拉开了社会主义建设的序幕,这一年完成了第一个五年计划的各项任务,农业走上了合作化道路,土地归集体所有,实现了土地从私有制向公有制的转变,推动了大规模的农田水利建设和农业机械化的进程,有效地改变了中国农村经济文化极其落后的面貌,人民群众大干社会主义积极性空前高涨。然而,随之而来的人民公社化运动和"大跃进",脱离实际违背了事物发展的规律,农业生产遭到重创,中国出现了严重经济困难,南李庄又回到了贫困之中,范清荣这位只有 20 多岁的带头人陷入极度的困苦之中……

1958 年秋末,大队粮仓的存粮就要见底,集体食堂不得不实行粮票制,有计划地供应食品,即使是这样也保证不了天天吃饱饭。时光进入 20 世纪 60 年代初,南李庄每天人均口粮只有 7 两,不够一个壮汉一顿吃,饥饿笼罩着大地。野菜充饥、树叶充饥、树皮充饥、草根充饥,世上凡是能吃的东西人们都吃了。尽管如此,还是挡不住有的人因饥饿而被夺去生命,饥饿带来的浮肿和各种疾病比比皆是。范清荣作为南李庄的党支部书记心如刀绞,他在忍着饥饿抓生产,想着法子看好这个大家庭,谁也不能损害队里

范清荣参加生产建设

的一粒粮食、一棵青苗，这个时候粮食比什么都重要！

一天，范清荣回到家里看到地上有一穗没有长熟已经脱粒的麦穗，本已累得坐在那里一动也不想动的他，不知从哪儿来了一股劲，气冲冲地喊道：这是谁干的事！这一声怒吼震耳欲聋，震得大地都在颤动，顾族荣赶紧从里屋出来，还没弄清怎么回事，那个十来岁的弟弟元明哭着从另一间小屋也走了出来，泣不成声地说：哥，我饿，刚才路过麦地掐了几穗麦穗揉揉吃了。我错了，再也不敢了。范清荣一听气不打一处来：我天天大会喊小会讲的，公家的事是大事，一针一线都不能动，让社员要看护好地里的庄稼，这是全村人的命根子，谁也不能乱动。没想到，咱自己家的人先破坏我定的规矩。他越说越来气，越说越感到脸上无光，以后还怎么去管别人，不由得伸出手来啪的一巴掌打在小元明的身上。这是他第一次打小元明，他不知道怎么伸出手来打的这一巴掌，这巴掌打在元明身上疼在自己心上。再苦再难、逃荒要饭范清荣没有流过泪，即便是还不到 8 岁那年，父亲把自己卖给人家他也没掉一滴眼泪。男儿有泪不轻弹，这时候范清荣哭了，他恨自己没本事，害得大家挨饿，觉得对不起父老乡亲，对不起家人。这是范清荣打在弟弟元明身上的第一巴掌，也是最后一巴掌。就这一巴掌，范清荣几天都没有吃好饭，没有睡好觉，他一辈子都忘不了打在心头上的一巴掌。

1964 年 7 月 21 日，范清荣的二儿子范海涛来到这个世界，范清荣看上一眼就带着大伙打井修渠去了。在他心里只有大家没有小家。大河无水小河干，大河有水小河满，只有大力发展集体经济，家家户户才能过上好日子。在他的带领下,南李庄粮食生产连年增产,三级所有,队为基础,以生产队为基本核算单位的管理模式全面推开,农业生产出现新的转机。

1966年,轰轰烈烈的"文化大革命"也波及南李庄,什么破"四旧"、立"四新"啊,什么停产闹革命啊,学生不上课,机关不办公,工人不干活,范清荣怎么也想不通,这叫哪门子革命?不干活、不生产哪儿来饭吃!日历翻到了1967年,这是"文革"正乱的时候,范清荣无心去搞那些不打粮食的事,他的责任是想办法让大家吃饱饭。他萌生了建造纸厂的念头,在发展工业生产上做文章。

没过多少日子,一个土法上马的造纸厂在南李庄出现了。虽说是作坊式的手工生产,产品质量也很粗糙,在那个物质匮乏的年代,有东西就不愁卖。产品销售还很顺畅,南李庄集体经济得到初步发展。

一天,村里不知是谁冒了一句,说新乡合河乡建了一个机械造纸厂。说者无心听者有意,范清荣有了新想法,不由分说带了几个人专程到合河乡取经去了,在这里他重新看到了希望。

回到南李庄,他们一班人认真分析了扩大造纸规模的优势和不利因素,最大的困难是缺乏资金,这不是什么大不了的事,最后研究决定还是建一个机械造纸厂。

说时容易,干起来就不那么容易了。十几万元的钱从哪儿来?进了一家门就是一家人,范清荣有事总是要和妻子商量,请她帮忙拿拿主意。回到家里范清荣说起建机械造纸厂的事儿,顾族荣非常支持,毫不犹豫地说把家里值钱的东西先卖掉,其余部分动员大伙凑一凑。

第二天一早,范清荣把家里商量的想法给大家伙儿一说,全村都动起来了。有的把养了几年的牲畜换成钱拿来了,有的把家里拾掇拾掇卖废铁的钱拿来了,有的老太太把积攒的私房钱拿来了,小孩子们的压岁钱拿来了,还有刚过门的新媳妇把结婚压箱底的钱也拿来了。众人拾柴火焰高,

1969年7月1日南李庄新一代的造纸厂试车投产了。

机械造纸产量翻倍增长，人们沉浸在喜悦当中，新的问题又出来了，如何把产品运往市场？纸厂急需配备汽车才能满足运输需要，买汽车可不是说话的。那几天范清荣沉默不语，他是在琢磨怎样少花钱多办事。他打听到县工业局有人会组装汽车，花钱买配件组装汽车能省不少钱。他把懂行的师傅请到南李庄，派人买来一大堆解放牌汽车零配件。师傅到仓库一一清点汽车配件，零部件都买齐了，发现所用木材一点儿没有。这事给范清荣一说，可把他难为住了，这还得花钱，七挪八凑的钱都用光了，从哪儿弄钱呀？

该说的话都说了，该找的人都找了，一切都等于零。不知是谁给他出了个主意，说是纸厂院子里有两根大梁，请师傅去看看能否先借用以后再还。范清荣一听可乐了，四处打听，有人说是顾族荣存放到这儿将来盖房用的。范清荣听起来一头雾水，自己家的事他咋不知道，更何况是盖房这样天大的事，也从来没有听妻子说过。他不相信自己的耳朵，几次回家问老婆，顾族荣都装着不知道这木料是谁家的。

顾族荣的话范清荣从未怀疑过，他只好再去打听究竟是谁家的木材，顾族荣实在没办法，看丈夫着了魔似的，才说出了实情。他们结婚十几年了，人家的房子都盖起来了，唯独他们范家住的还是土改时分的房子。范清荣从不管家里的事，一门心思都在工作上，顾族荣好不容易攒了点儿私房钱，也梦想有那么一天盖上三间大瓦房，偷偷买了两根木料做大梁，不敢吱声放在纸厂院子里，生怕老公知道给用了。哪知道，还是没有保住又让他知道了。范清荣弄清了木头的来历，管他盖房不盖房先用了再说。南李庄先后组装成两台解放牌载重汽车，一下子鸟枪换炮了，十里八乡都来学习效仿，小造纸厂成了辉县一大亮点，带动了地方经济的发展。

在范清荣眼里，自家的东西都是公家的，要一心为公，一心为民。公家的东西一点儿不能要,不能沾一点儿光。采访中我们听到这么一件事,让人久久不能忘怀。

1970 年 7 月 31 日,天公发怒似的电闪雷鸣,辉县境内突降大雨一连数日,史上记载是百年不遇。洪峰涌入南李庄,村里积水 1 米多深,房屋倒塌 150 多间,200 多亩庄稼泡汤。范清荣几夜没有好好睡觉,带领大家抗洪救灾,力求把自然灾害造成的损失降低到最小限度。

雨过天晴,南李庄展开了生产自救,组织群众重建家园。他们集中优势兵力成立建筑队,分轻重缓急解决村民居住问题,村民赵清海专为建筑队做饭,一早起来忙到黑,生着法子让大家尽可能多吃一些。那是个饥饿的年代,队里拿不出更多的粮食贴补灶上。赵清海给大家做饭愁的就是无米下锅,顿顿都得掰着指头算账,生怕吃超了没下顿。

一天,范清荣检查灾情回来已是深夜,赵清海想到范书记肚子肯定饿了,便下了一碗面条端了过来让书记垫垫肚子。范清荣说啥都不肯吃,说:这是大家的口粮,我吃一口锅里就少一口,不能沾大伙儿的光。

村里的人都知道,范书记清白得很,可认真了。他常讲:我是村里的“头”,这个“头”要带好,带出一个好风气,公家的光一分也不能沾,不带好头都去多吃多占,村里永远也富不起来。他是这样说的也是这样做的,这么多年他能把家里的东西拿出来公用,决不把公家的东西拿回家私用,哪怕是一丁点儿都不行。他,就是这样一个本本分分的人。

范清荣常说的一句话:是共产党救了我,这一辈子都不能忘!这朴素的感情是他勇往直前的动力。几十年来,他就是凭着这一股子劲,开荒种粮、种菜,养殖喂猪、养鱼,办厂轧钢、发电,样样都是行家里手。

20 世纪 70 年代,蓬勃兴起的五小(小煤矿、小钢铁厂、小化肥厂、小水泥厂、小机械厂)工业,改变了我国工业经济结构,扩大了中小企业在工业企业中的比重,更好地利用了当地资源,增强了地方经济实力,改善了县域

范清荣身先士卒

经济的面貌，从单一的农业经济转向农业生产为主兼顾工业，适度提高了农业外收入水平。

但是，乡镇企业管理者对客观事物认识的能力不尽相同，导致五小工业发展也不平衡。梁村公社轧钢厂一直不温不火，步履艰难到了揭不开锅的境地，100多名员工半年没发工资，厂里还欠外债十几万元，成了个大包袱。公社书记张世清思来想去，决定让已经担任公社副书记的范清荣去接替管理改变现状。

1981年深秋的一天，张世清书记找范清荣征求意见，没想到他二话没说接受了这个任务。在范清荣脑海里只有一句话：党叫干啥就干啥。是共产党救了他们一家，有什么可挑可拣的！领导者首先是会用人，张世清书记之所以让范清荣出山，看中的是他敢于担当，有办法、有能力挑起这个大梁。

范清荣离开了公社办公室，来到破败不堪的轧钢厂，他流泪了。

市场不相信眼泪，流泪没用，要的是真抓实干。他与班子成员交心了解问题的症结，他到生产车间察看现场管理，他找工人骨干倾听群众意见和建议。短短几天，他走遍了厂里每一个角落。

问题找到了。轧钢厂长期不景气的关键是班子缺少主心骨，企业没有凝聚力，人心涣散，工人出工不出力，机器转不动，原有的产品质量差卖不出去。

办法有了。范清荣把全厂的人召集起来，亮出他的施政纲领，天上不会掉馅饼，只有大干才能大变。他和工人一起4天4夜完成了设备大修，干完了40天的活，这不能不说是个奇迹。范清荣的工作精神让大家看到了希望，不久轧钢厂一派生机，钢花飞舞，铁水滚滚，产品销售有了新出路，当年工人领到了盼望已久的工资。

电厂建设初期的范清荣

1983年，轧钢厂不仅还清了欠款，还盈利83万元。1985年，轧钢厂产值达到8000多万元，实现利税1080万元，平均每天利润5万元。轧钢厂越来越红火。

轧钢厂经营走上正轨后，却出现了电力供应紧张的情况，严重影响着孟庄镇企业的发展，成为制约当地发展的一大瓶颈。建发电厂成为孟庄镇的唯一选择，而重任又一次落在范清荣身上。

1987年8月，孟庄火电厂也就是如今的孟电集团的奠基战在一片空旷的田野上打响了。在建设过程中，范清荣经历了资金、技术、人才等困难，特别是3号机组建设时期，资金短缺，工期紧张，范清荣亲自上阵。一天，他在工地指挥时被一块石头绊倒跌了腰，但坚持不下工地，强忍着疼痛持续工作了5天，实在坚持不住了才到医院检查，发现肋骨断了三根……

经过近一年的苦干，一台6000千瓦的小火电机组建成了。人们欢呼，

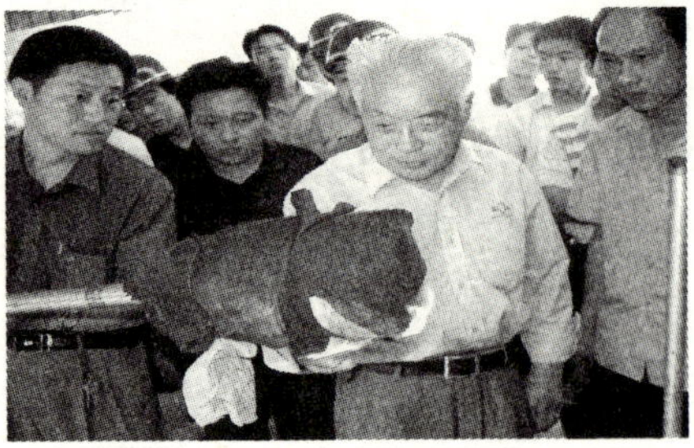

水泥生产线竣工点火

人们雀跃！喜讯像长了翅膀传遍了全镇的村村庄庄。

火电厂成功后，范清荣于2000年又投资4000多万元，建起了两个年产30万吨的水泥厂，2001年又投资1亿元，建起了日产1000吨干法水泥生产线，创造了投资最少、工期最短、工艺最先进的3个全国同规模之最。

在范清荣的带领下，孟电集团走向了腾飞之路！

范清荣在南李庄担任党支部书记18年，带领全村人科学种田，办纸厂，搞运输，开展多种经营，集体经济大发展，村民收入连年增加，南李庄成了远近闻名的富裕村、全县的先进村，范清荣被评为河南省劳动模范。自打他离开南李庄之后，村里15年换了7任党支部书记，最短的只干了一天。折腾来折腾去，一个被人羡慕的南李庄出现大滑坡，村里的积蓄花完了，先进的帽子也飞了，富裕村变成了欠债村，几乎天天都有人上门讨债，南李庄成了"难理庄"，大家都怀念范清荣当书记那些年。

南李庄不能再这样继续下去了，有人提议让顾族荣担任南李庄党支部书记。哪知镇党委领导找顾族荣谈话征求意见，她是一百个不同意，硬是找了一大堆理由回绝了。过了几天，正巧时任新乡市委书记田纪震前来搞调研，时任镇党委书记郭瑞民汇报了南李庄党支部的人选问题，田书记敲定起用顾族荣。经过一番耐心工作，顾族荣接令上任了。

是金子就会发光。古有穆桂英53岁领兵打仗，今有顾族荣53岁挂帅出征，带领村民奔小康。群众的眼睛是雪亮的，顾族荣不干则罢，一干就出彩。她风风火火，上任先领着大伙办起了水泥预制厂和小型轧钢厂，产品很快打进了市场。别看这小打小闹，两年让村里挣了个钵溢盆满，不仅还清了外债,还给村民分得了红利。采访中我们问顾族荣在村支书岗位上的体会,她只说了一句话:干什么都不能有私心。

用人格魅力赢得信任

有人说,十年树木,百年树人;也有人说,三岁看大,七岁看老。道理浅显易懂,都是老祖宗留下来的经验之谈,教育孩子方法不能千篇一律,因人施教,因事施教。

在范家,不管是自家哪个孩子在外面与别的孩子闹气,只要是范清荣或顾族荣知道了,准是教训自家的孩子,有时甚至还动了巴掌。他们不懂得什么大道理,只知道严是爱,松是害,对孩子们严加管教自然成了他们的教育哲学,也就是这些简单的说教让孩子们懂得了做人的道理。

做人要讲孝道,百事孝为先,中华民族的文明史也是孝道史,试问:一个连自己的父母都不孝顺的人他能成就大事吗?至今在范家还延续着为老人洗脚的老传统,做事必须先做人。在他们家里有一个不成文的规定:每天晚上在家年龄最小的要为老爷子洗脚。这不是一个简单的小事,而是通过洗脚进行爱的教育、家史教育和艰苦创业的传统教育。每当儿孙们看到老人家那双不同寻常的脚板,“走正道,办实事”洪钟般的声音就会在耳边响起,这就是他们的家风,要一代代地传下去。

范海涛在家受的是淳朴的家庭教育,父母的一言一行在海涛的心灵上起着潜移默化的作用,他压根就没有投机取巧的想法。在他眼里,那些搞歪门邪道、搞不正之风的人都是可耻的,迟早都会被历史所抛弃。进了学校,教科书上董存瑞、黄继光、罗盛教的事迹深深地印在了脑海里;走向社会,焦裕禄、史来贺、杨贵、郑永和成了他人生的榜样。直到现在,范海涛还清清楚楚地记得40年前,时任辉县县委书记的郑永和先治坡、后治窝那句

两位范书记

名言:说了算,定了干,再大的困难也不变!

辉县地处太行山区,三分平川七分山,历史上就是个有名的穷地方。20 世纪 70 年代初期,郑永和这位 1944 年参加革命的老党员出任辉县的县委书记。他有一颗赤诚的心,他有一股敢闯的劲。他走遍了辉县每一个村落,认真分析了全县的自然条件,造地、修渠、绿化都有条件,关键是发动群众大干,说到底苦熬没盼头,苦干才有奔头,没有付出哪有收获?他立下誓言要让辉县在他手里变个样。

1972 年我国还处在“文革”时期,到处都是乱糟糟的。郑永和不管他怎么乱,一心一意只管抓生产,大冬天他领着县委和各级干部 200 多人,在乱石滩上安营扎寨,带领一队队人马展开了大会战。他们起五更,打黄昏,取土造田,开路筑渠,在当年大战洪州城的古战场,掀起了一场前所未有的垦荒大战。第二年新开垦的 15000 多亩农田庄稼长势良好,夏秋两季获得大丰收。

郑书记顶住种种压力改造大自然,惠及人民群众,当时在太行山麓的辉县流传着这样的话语:拿起白蒸馍,想起郑永和;拿起人民币,想起郑书记。周恩来总理看了辉县人民战天斗地、造田修渠的事迹,连声称赞辉县人民干得好!1974年,中央新闻制片厂派人到辉县拍摄,很快一部反映郑书记带领千万群众大干促大变的新闻纪录片《辉县人民干得好》在全国放映。

银幕上的画面,范海涛是那样的熟悉,辉县大干的动人场面又一次再现,郑书记一心为了老百姓的崇高精神令人敬佩。范海涛看在眼里,记在心里,郑永和和焦裕禄、史来贺一样,都是他学习的楷模。

人生都有衰老的那一天,都有干不动的时候,这是自然规律谁也无法抗拒。孟电集团一天天壮大,范清荣的年龄也一天天在增长,眼看就是70岁的人了,组织和他都在琢磨交班的事了。

2002年,范海涛从父亲范清荣手里接过来孟电集团一把手大旗,确立整体发展规划,扩大生产规模,实现了孟电集团压小上大的目标,电厂提供的电力能源翻倍增长;水泥生产采用新技术,节能降耗日均产量和产品质量大幅度提升;投资1.6亿元,为南李庄351户村民建住宅新区,改善居住条件,优化居住环境;每年安排资金资助困难学生,救助弱势群体,保证基本生活水平不降低;扩大就业门路,最大限度安置富余劳动力,村民收入年年递增……南李庄成了人人羡慕的小康村。

人生的意义不在于索取而在于奉献。范家父子在事业上完美地实现了接力棒的传递,孟电集团正沿着科学的大道又好又快发展,这是一种道德的传承,一种力量的传承,更是一种信念的传承,一种精神的传承!

2013年1月18日晚,2012年度"河南十大三农新闻人物"颁奖典礼在郑州举行,辉县市孟庄镇南李庄村党支部书记范海涛荣获河南省2012年度"河南十大三农新闻人物",组委会别出心裁地请范海涛80多岁的父母、南李村前两任村支书上台给他颁奖。

范海涛荣获“河南十大三农新闻人物”后与父母合影

范清荣的颁奖词是：儿呀，你就做这么点事，组织就给你这么高的荣誉，领奖以后归零！回家后从零开始，做好服务百姓的每一件事！我和你妈都相信你不会给党丢脸！

这也许是世界上最好的颁奖词了！他不仅是父亲对儿子的要求，也是百姓对基层干部的殷切希望，也是这个社会给范海涛的最高褒奖！

第二章

少年初成：初生牛犊不怕虎

孩子要娇，也要敲。不敲，就不知道天高地厚。

——顾族荣

1964年7月21日,范清荣的次子范海涛出生了,而此时范清荣担任南李庄大队书记兼梁村公社武装部长。

在海涛的童年记忆中,父亲作为村干部,每天早出晚归,一身土一脚泥,忙得不可开交,根本顾不上这个家。那时,村里家家生活都很困难。但无论生活再苦再难,父亲都从来不允许因为自己是村干部而沾集体一星点儿光。父亲的清正廉洁在幼年的范海涛心灵上烙下深深的印迹。

范海涛的童年是快乐的。虽然家里是租住的房子,但周围都是与他年龄相仿的孩子,他们常常一起去挖野菜、捉蝴蝶,甚至去村边的小河沟里逮上满满一盆小鱼,回家清水炖鱼,成为他这个时代童年回忆中最美的滋味。

知书达理的孩子王

范海涛小时候是村里出名的听话孩子,充满正义而又知书达理,自然成了村里的孩子王,很少与小伙伴干架。但有一次,他和邻居的孩子闹别扭,那娃子瞪着大眼珠对范海涛说:你家有啥成色?你爸干着支书呢,自家连个房都没有,还给我能球啥?那娃的一句话把范海涛噎住了!他扭头一溜烟跑回家,生气地对父亲说:你当支书,连个房都盖不上,让我在人前站都站不住!

父亲看着眼前小大人一样的海涛,把他拉到怀里,摸着他的头问:海涛,谁给你说的当支书就一定得有自己的房?谁给你说的当支书就得比别人住得更好?咱当的是共产党的干部,给共产党当干部,不能想着沾光,一丝一毫这样的念头都不能有!

不能沾光!那一天那一刻,海涛幼小的心灵里深深地烙下了这四个字。不能沾光，范清荣在党支部书记的任上，一直在用自己的模范行动做给年幼的海涛兄弟看。干活，脏活、累活、挣工分少的活，范清荣总是让自己家的人往前面站；分东西，不管是分一把菜叶，还是玉米、红薯，范清荣都是尽着别人家先挑，最后才拿自己那一份。

青年范海涛

范海涛的母亲顾族荣回忆起儿子的童年，难免有些心酸："我跟他爸那时候年轻，一门心思干工作，他们弟兄几个都是自己管自己。海涛小时候特别听话，最让我省心。有一回他生病，见我们忙，就自己忍着一直不吭声，这会儿想起来还觉得心疼。"

范海涛善于自我敲打，这个习惯是从父母那里继承下来的。

范海涛9岁那年的一天，母亲顾族荣正在屋里收拾东西，忽然，海涛一句"我跟你拼了"传进她耳朵。才十来岁就说出这样的话，顾族荣拿着棍子就冲向海涛……平时，顾族荣交代孩子出门、在校不准惹事，一旦与外面孩子争斗，顾族荣不管怨不怨自家孩子，先拿棍子将他们敲打一顿。她说：孩子要娇，也要敲。不敲，就不知道天高地厚。

后来有了自己的孩子，范海涛也不忘敲打，连儿子长大后都问海涛：爸，你记不记得打过我多少次？

范海涛的儿子曾在辉县市发改委工作，一次，范海涛与市领导谈工作时，听说市里有个基层锻炼计划时当即提出，能不能把孩子派到最穷最艰苦的地方？给钱给物，都不如给他能力，他都二十好几了，没有这种社会担当可不行。最后，儿子被组织上派到辉县最贫困的拍石头乡山区。

村里的老人们说起范海涛，喜爱之情也溢于言表。村民连印山的母亲

90 多了，一提起范海涛就夸：这孩儿从小就听话、孝顺，不论啥时候瞧见我，不喊大娘不说话，俺村的老人们都很喜欢他。

范海涛的小学老师王风清说起他小时候的事儿，第一句话就是：这孩儿认真、用功，每天布置的作业都一丝不苟完成，并且和他的人一样，非常干净和整洁，他和同学们相处得都很好，无论谁有病了还是遇到困难，他都想法帮助或看望，小学几年他年年都是三好学生。我们搬到新房后，我的小孙女才 7 岁，她躺在床上望着天花板对我说：我永远忘不了范海涛爷爷。

范海涛上中学了，当时村里没有地方盖学校，范清荣书记就在村外的荒地上组织全村人开荒把学校盖起来了。当时的中学老师王焕回忆说，那时学校条件很差，学生既要学文化，还要学农学工，拾粪积肥种西瓜，样样都干。学生老师都住校，不带粮票管吃住。那时王美老师负责并教他们语文，我教学生数理化和音乐体育。海涛对物理的公式弄不懂，他就几次问我，我就反复地给他讲解，他非到彻底懂了才罢休。有天夜里突然下起大雨，教室的窗户都没关，王美老师赶快喊人，但赶到教室却发现海涛已在那里忙活，浑身淋得湿透了。平常劳动时他的组织能力很强，为了调动大家的积极性，他把全班 40 名学生分成小组开展竞赛。拾粪时海涛最扑身啦，用工具不利索，他就下手去抓。同学老师都记得，每个学期下来，海涛积的那个粪堆总是班里最大的一个。

说起如今的幸福生活，王焕老师动情地对我们说，我们现在住的房子，都是复式两层，最小的是 270 平方米，我现在的住房有地下室，楼顶有阁楼，门前有小花园、小喷泉，经常引来各种鸟蝶嬉戏和欢叫，所有这些都是海涛父子两位党支部书记带领我们艰苦创业干出来的，是他们把我们这些农民带到了这幸福美满、鸟语花香的环境里，我们只有感谢共产党，感谢我们的领头人——范海涛父子！

进厂干活的拼命三郎

1980年,范海涛高中毕业。此时的辉县,改革开放的浪潮风起云涌,乡镇企业如雨后春笋般蓬勃兴起。范海涛被安排到辉县水泥厂上班。

当时,范海涛的父亲范清荣已是辉县的模范人物,特别是水泥厂的厂长是范清荣的老朋友,范海涛在水泥厂完全能找到一个好一点儿的工作。但是,范海涛的第一份工作是在水泥厂拉板车,干的都是一些杂活。

水泥厂要从外面进石膏、矿渣、铁粉,需要配料,而破碎机的配料斗提升是在山的半坡。范海涛的具体工作是从下面物料场用铁斗车一车一车将原料拉到这个配料厂。

范海涛所在的白班车间有40多人,一个人一个班是36车,由于坡陡,一个人根本拉不上去,需要一个人拉着,两个人在两边推着,才能拉上山坡上的配料斗。范海涛凭着年轻力壮,总是自告奋勇拉车,以至于每趟都是汗流浃背,一下班回到宿舍,衣服不脱倒头便睡。但范海涛从没给家里人提起过水泥厂的辛苦。

天长日久,汗渍浸透衣服,范海涛的一件棉衣都已经被溻成一个硬饼挤到了一块。母亲在给他拆洗棉衣的时候,发现棉袄上积了一层厚厚的汗渍物,里面的棉絮都结成了硬饼,忍不住哭了:“孩儿在厂里都是咋干的啊?咋干的?”“掏力干呗。”“掏力干也不能不要命啊!”“看妈说的,干活不掏力,那还叫干活?”范海涛很轻松地回答。

拉板车的工作,范海涛一干就是近两年。1982年,范海涛调到磨机车间,又干了半年多。这年年底,有拼命三郎之称的范海涛累倒了,大口大口地吐血,最后诊断是肺结核,住了整整五个月医院。

对于这段经历,范海涛说,这不是苦难,是财富。他年轻时就是初生牛犊不怕虎,越是困难越要向前冲,性格坚定,斗志激昂。这段经历培养了他吃苦耐劳的毅力,以至于后来他来到盂电集团担任董事长、总经理,无论遇到什么困难,都能轻松面对。

出院之后,母亲死活不让范海涛再去水泥厂上班了,他休养了一段时间,到县统计局做了两年的临时司机。

当时的统计局只有一部车,事也比较多。通常早上 8 点上班,范海涛总是 7 点 15 分左右赶到单位,他到单位的第一件事是洗车,不管冬天还是夏天,他都是第一个来上班,自己洗车。所以,统计局的车每天都很光亮,以至于去县政府开会,县政府大院里的门卫老远就说统计局的车来了。

两年后,范海涛辞职的时候,统计局的领导和职工都对范海涛恋恋不舍。

第三章

警界英豪：追梦的男子汉

兵是队伍的基础，要想带好一支队伍，首先就要知兵、爱兵。

——范海涛

范海涛的第三份工作也是司机,辉县市(1988年辉县撤县建市)公安局的司机。

在辉县市公安局,范海涛继续发挥着以往的传统。别人8点上班,他每天都是7点就到,到了以后还是先洗车。冬天水凉,洗车手裂了血口子,他就戴着手套擦车,一直坚持到把车整好洗干净。他心里总想,在每一个工作岗位上,处处都要比别人多付出,每个岗位都要留下闪光点。他开的车总是比别人的车干净,而且随叫随到。有的司机看到范海涛这么先进不服气,后来发现,他每天都比别人来得早一个小时,到单位后第一件事就是擦洗和保养车辆,司机们服气了,在范海涛的带动下,局里所有的车辆都干净多了。

维护一方平安的保护神

1992年,全省公安系统统一招警考试,范海涛以优异的成绩通过考试,成为一名正式民警。他先是在技术科工作,后又调到内保科。1996年,局领导为了培养海涛,让他在困难中磨炼,就把他调入刚刚组建且面临重重困难的巡警大队,担任大队长。

1996年11月,范海涛走马上任辉县市公安局巡警大队大队长,初到大队,带给他的并不是欣喜的感觉,而是一摊乱局,重重困难。范海涛意识到肩上的担子格外沉重:一是巡警大队无正式办公场地,是在租用的几间民房里办公;二是办公经费严重不足,只有两部待修的警车;三是巡警大队人员素质良莠不齐。多种原因导致了队员工作情绪低落,思想涣散,工作难于开展,同时有违纪现象发生。但喜欢挑战的范海涛却信心十足,他调任

警营中的范海涛

当日就搬到巡警大队住,下定决心要把巡警大队建成维护一方平安的先锋队。

到任后的范海涛在队上一住就是一个月,经过充分调查研究,辉县市巡警大队发展的蓝图在他心中绘就:确保一方平安,人民安居乐业的祥和局面成为范海涛追寻的新梦想!

思想是行动的基础,没有好的思想做引导,什么工作也别想做好。对此,范海涛有足够清醒的认识,他利用午休和晚上时间找队员逐个谈心,结合队里的典型人和典型事现身说教,消除他们的思想顾虑。在此期间,他还组织全队开展“为谁从警,从警为什么”大讨论,从不同方面提高队员的思想认识。通过思想交流,队员们和他的距离拉近了。

当时大队组建不久,人员来自各个方面,参警动机各不相同,政治文化素质参差不齐,大多数队员对本质工作还没有一个完整、透彻的认识,因此,要想带出一流的队伍,必须抓好业务知识学习。他首先严格要求自己,在繁忙的工作之余,不断挤出时间给自己的头脑充电。凭着不懈的坚持,他完全掌握了《中华人民共和国治安管理处罚条例》《巡警业务教程》等法律法规和专业知识，理论结合实践，他将所学贯彻到工作中，在短时间内成为一名业务能手。

在搞好自身学习的同时，他更加注重队员们的教育。在担任大队长期间，他周密计划，认真组织全队开展了纪律作风整顿。全队不时掀起学习高潮，形成了浓厚的学习氛围。大队先后集中学习了《城市人民警察巡逻规定》《河南省人民警察巡察条例》《中华人民共和国行政诉讼法》《中华人民共和国治安管理处罚条例》等法律法规及专业知识。队员们不仅牢牢掌握了公安基础法律知识，而且守法意识和自我约束能力也大大提高，执法行为得到规范，真正成为了学法、懂法、依法办事的执法者。

巡警大队作为一个集多警种职能于一身的维护治安的战斗实体，队员必须要具备良好的身体素质和业务技能。然而要想有过硬的基本功，严格训练是一条必由之路。基于以上考虑，在同其他副队长交换了意见后，范海涛带头吃住在大队，经常组织全队开展技能训练活动。

通过强化训练，巡警大队的队员们不但熟练掌握了擒敌防暴术、警棍盾牌术、硬气功、武装攀登、武装泅渡、射击等科目的动作要领，而且也培养出了坚韧不拔、勇敢顽强、令行禁止的意志，队伍的实战能力大大增强。

管理是大队发展的基础。在新的社会治安形势下，范海涛确立内强素质、外树形象的工作思路，以提高民警业务素质、培养民警文明规范的良好工作作风为突破口，严格军事化管理，使内部管理呈现出运行规范、工作到位、管理到位、奖惩有效的局面。

在辉县市巡警大队，管理实行层层连带责任制，使中队、分队职责分明，各有所管，各尽所能，不论谁出现问题，其负责人与主管大队领导都要受到处理，不护短，不迁就，违纪情况一并通报在大队曝光栏上。有一次，一名副队长在早点名中迟到了几分钟，为了严肃纪律，范海涛依照队规对其进行了处理,开始这名副队长还不服气,认为这是小题大做。后来在范海涛几次推心置腹的交谈中,这名同志才彻底认识到了自身错误,并在此后的工作中,时时以范海涛为标杆,各项工作冲在前面。

现任辉县市公安局巡警大队大队长赵永明说:那时我们在队里,都怕海涛,心里有一种敬畏感,越是个人的私事越不敢找他,但在没有沾亲带故的干警有困难时,他却主动关心并帮助解决。

为了纯洁队伍,范海涛根据能者上、庸者下的用人原则,对原有队员进行了调整,共辞退不合格人员13人,为此,他得罪了不少亲朋甚至领导,被指责为六亲不认、无情无义。

队伍管理是严管与厚爱的结合,是用兵与养兵的统一。在提高队员素质的同时,范海涛又不辞劳苦,将大队硬件设施及队员补助待遇等问题逐一解决。巡警的工作要求是快速反应、以快制快,没有宽松的办公场所和完善的装备就不能充分发挥灵活机动的优势,所以改善这些条件迫在眉睫。他把这项工作提上大队议事日程,没日没夜地四处奔走游说,在费了不少周折后,1998年春节之际,大队搬进了宽敞明亮的新办公场所,并购置了两辆警车,1999年又添置了四辆警车和两台电脑。

“范队长就是一位好大哥”,巡警大队的队员们这样认为。暖警心的事儿范海涛可没少做。他工作上从严要求队员,但在生活中却像兄长般处处关心和爱护着队员。

兵是队伍的基础,要想带好一支队伍,首先就要知兵、爱兵。范海涛是这样想的,也是这样做的。每当看到队员在雨雪风霜、酷暑严寒等恶劣气候条件下执勤无遮无挡时,他心里就有一种说不出的滋味。

在和队里几位副队长研究后,大队陆续投资6万余元为队员购置了大衣、皮衣、雨衣、皮鞋等必要的装备。这些条件的改善,不但规范了队伍的内务管理,更使队员们焕发出更高的工作热情。

上街参加劳动的警官范海涛

从范海涛到巡警大队第一天起,队员的补助待遇就一直萦绕在他心头。当时许多队员生活困难,仅靠队里每月发放的 30 元补助为生。为了解决这一问题,他多次找上级领导反映情况,经过不懈努力,1998 年初及时提高了队员补助待遇,1999 年市政府又解决了 50 名队员的财政开支问题,稳定了他们的工作情绪。

辉县市巡警大队民警王运生说:“当时范队长一来就给我们办了这么多的实事,跟着这样的领导干工作,我们觉得浑身有使不完的劲。”队员们从他的身上看到了巡警的希望,工作积极性空前高涨,精神面貌焕然一新,保平安,促和谐,争创一流,队伍建设向军事化、正规化快速迈进,不断发挥出坚强的战斗堡垒作用。

穿上警服就意味着奉献

穿上警服就意味着奉献。这是范海涛在巡警大队工作时常说的一句话。每天上下班高峰期,辉县市区的群众总能看到范队长带领队员巡逻在百米街头,无论风霜雪雨,从不间断。范海涛把执勤巡逻当作紧密联系群众、服务群众的重要纽带。他在全队叫响了“服务为先,务求实效”的口号,以人民群众满意为标准,急人民群众所急,想人民群众所想,从小事做起,将服务活动贯穿于各项业务工作中。

1996年夏天,多天暴雨,山洪暴发,辉县地势较低,西平罗等几个乡十多个村庄被淹,一片汪洋,屋脊上面都是需要救命的群众。范海涛第一时间带领一百多名队员赶到灾区,在冲锋舟上指挥队员抢救群众,直到把群众送到安全的地方,又把群众的财产能抢出来的尽量地抢出来。经过几天日夜奋战,终于战胜了洪水,百姓无一伤亡。

1999年4月28日晚上,三名安徽籍民工在辉县市东外环路抢劫了一名出租车司机。范海涛带领六名队员赶赴现场,犯罪嫌疑人已劫持人质仓皇逃窜,巡警快速追击,将歹徒截在一块麦地里,穷途末路的三名歹徒手舞尖刀,疯狂叫嚣:谁过来就砍死谁。范海涛带领几名队员毫不畏惧冲了上去。正义战胜了邪恶,歹徒被制伏了,身中八刀的受害人也被及时送往医院急救脱险,这时范海涛才发觉自己身体多处有伤,鲜血染红了警服。

1999年7月9日晚,在抓捕以王保喜为首的多名违法犯罪嫌疑人联合行动中,面对上百名不明真相群众的围攻,范海涛带领巡警冲锋在前,以高超的防暴技能和严明的纪律出色地完成了任务,受到在场市委领导的高度赞扬。

2000年4月的一天,初春的天乍暖还寒,正在执勤的范海涛发现在新建商场墙角蜷缩着一名小男孩,冻得瑟瑟发抖,见此情景,他急忙将孩子带回队部,给孩子洗澡、换衣服,并买来吃的。

经询问得知,这名8岁男孩名叫张现军,是1998年11月被人从四川拐卖,逃离后流落至此的。范海涛几经努力,与张现军的家人取得了联系。当孩子的叔叔来到辉县市巡警大队,看着穿戴一新、平安无事的侄子,一股暖流顿时涌上心头。可以想象，那种场面有多么感人，男孩的叔叔当时随即拉着孩子给范海涛跪下。看着他们亲人团聚，范海涛不胜欣慰，在送他们叔侄返程之际，他又专门拿出200元钱放到孩子手中，鼓励他好好学习。

群众的事就是民警的事。没有豪言壮语，只有默默无闻的行动。2000年7月的一天，在接到群众求助后，范海涛不顾个人危险从6楼窗台爬下为群众取钥匙，门打开了，楼下众多围观群众才松了口气，啧啧称赞：巡警就是有能耐！还是巡警好！他看到小小的付出能得到群众这么多的理解和信任，更加感到肩上责任重大。

在巡警大队，范海涛用自己的实际行动忠实地履行了“有警必接、有难必帮、有险必救、有求必应”的庄严承诺。无声的行动带来了巨大效应，全队同志以他为榜样，开展了卓有成效的岗位爱民竞赛活动，每当群众有困难时，首先就会想到找巡警。

作为人民的子弟警必须保持同人民群众的鱼水关系，如果不爱民助民，就不能算称职。在范海涛的带领下，大队一班人，一手抓管理，一手抓服务，深入开展三个“五联一帮”爱民助民活动。活动中，他定期或不定期到45个联帮单位和45个院户的群众中，了解情况，倾听呼声，帮助他们解决生产和生活中的实际困难。亚辉棉织厂女工多，深夜上下班时不断出现流氓骚扰现象，自从和巡警大队联系后，范队长带领队员经常在厂区周围执勤巡逻，增强了女工的安全感，保障了该厂的正常生产秩序。该厂的职工都说：要没有范队长带领巡警对我们工作的大力支持和帮助，我们厂就不会有今天这么好的局面！所联单位治安秩序稳定，所联院户安宁祥和，这一切来源于范队长的辛勤劳作。

人民警察为人民

人民警察为人民,人民警察爱人民,范海涛身体力行地实践着这个崇高的诺言。

王申锁、王中会等11名孤独残疾人是巡警大队的帮扶对象,自范海涛来到巡警大队后,几年中,他坚持不懈地带领队员照顾这些人的生活,为他们修房、拉煤球、请医送药、收庄稼种地、干家务活儿,使他们老有所依,老有所靠,真正感受到社会主义大家庭的温暖。每年除夕夜,范队长总是带领队员敲开一家家的门,为他们送上了最诚挚和深切的祝福;正月十五夜,他又总是将这些帮扶对象接到大队,敬上美酒,祝他们生活幸福。夏季来到,范海涛会组织民警购买风扇、凉席等物品送到他们手中,解除了他们的后顾之忧。

一分真情,一分回报。在范海涛的带领下,全队人员为群众办实事、办好事蔚然成风。担任巡警大队大队长期间,仅他个人,就为群众办好事办实事400余件,救助受伤群众60余人,收到感谢信17封,锦旗镜匾13面块,其先进事迹曾多次被新闻媒体报道。

他贴近了人民群众,群众理解他、支持他,而且他身上体现的巡警形象也深深地烙在人民心中。范海涛工作有原则,做人更有原则,工作中他时时处处都发挥模范带头作用。

作为巡警队长,范海涛完全有条件比队员们享受得多些,可他没有。从事巡警工作以来,他整日为工作忙个不停,没有休过一次完整的假,他把所有的时间和精力都投入到了工作上。长期的超负荷工作和无规律的生活节奏使他患了严重的胃病,但他从不提起,时常边吃药边坚持工作。有一次,大队执行设卡任务,他连续几天几夜不休息,巡视了全市布控的各个卡区,回来后就病倒了,可他坚持不就医,撑着在队里工作,有人实在看不下去硬是用车把他护送到医院。医生说:病成这样才过来看,真是头次见你这种人!他一笑了之,在医院只待了一上午就逃回了队里。

大禹治水三过家门不入,他的家离单位很近,家里有上班的妻子和上学的孩子,可他忙于工作,有时一个月也回不了一趟家。每当想起这些,他总是动情地说:我欠爱人和孩子的太多了。是的,他的内心有自己的亲人,他的背后有一个小家,可是他战斗在维护社会治安的第一线,却是为了社会大家的安宁,无论再苦再累,再多付出,他也觉得值。

范海涛在公安战线上奋战了17个年头。17年间,他凭着对党和人民的无限忠诚,任劳任怨,勤奋工作,忠实履行人民警察职责,带领辉县市巡警大队奋发图强,励精图治,使辉县市巡警大队尽快由后进变先进,并一举成为河南省巡警系统的学习典范,省、市巡警系统工作研讨会先后在该队召开,大队被辉县市政府荣记集体三等功一次。他本人也三次被评为河南省人民优秀警察,并被授予人民满意公务员、优秀共产党员、优秀党支部书记、人民满意政法干警等荣誉称号,荣立三等功四次、二等功一次。他从一名普通的公安干警,成长为巡警大队长、副局级侦察员,带出了一支作风优良、素质过硬的队伍。

范海涛——这位警界英豪,圆满地实现了确保一方平安的梦想!

第四章

勇接帅印：人生角色的转换

自古忠孝不能两全。但是我来孟屯，就能做到忠孝两全。忠，即忠于党、忠于老百姓，在干事创业时为老百姓做贡献；孝，即孝敬老爷子，完成父亲的夙愿。

——范海涛

2002 年，伴随着三月的春风、和煦的阳光，孟电集团迎来了一位意气风发的年轻人——38 岁的范海涛。他被组织任命为孟庄镇党委副书记，又被推选为孟电集团总经理。

父亲的心愿

范海涛的走马上任，还得从孟庄火电厂说起。

1987 年 8 月，在范海涛父亲范清荣带领下，孟庄火电厂在一片空旷的田野上奠基了。

在范清荣的拼命工作下，孟庄火电厂建设日新月异：

1988 年 7 月，一号机组（0.6 万千瓦）并网发电；

1989 年 8 月，二号机组（0.6 万千瓦）并网发电；

初到孟电集团的范海涛

1993 年 12 月,三号机组(1.2 万千瓦)投入运行;

1994 年 9 月,四号机组(1.2 万千瓦)投入运行,装机容量达到 3.6 万千瓦,名列全国乡镇电厂之首;

1997 年 5 月,五号机组(1.2 万千瓦)并网发电;

2000 年 5 月,五号机组(1.2 万千瓦)并网发电,装机总容量进一步扩大到 6 万千瓦……

电厂的滚动发展,带活了全镇 2000 多家企业的蓬勃兴起,孟庄一举成为中州名镇、全国百强乡镇。

然而,范清荣的眼界并不仅仅局限于小火电,他把目光投向了建材市场。

……

1995 年 5 月,电厂建成了日产 6 万块的煤灰砖;1997 年,电厂与中科院合作试验成功煤净化燃烧一炉两用新工艺,开发生产出 325#水泥;同年 7 月,扶持电厂附近的小蒲水村建成了蒲东水泥厂。当中国改革开放跨向新的世纪,范清荣四处奔波,深入市场调研。他在北京大学向教授、专家请教企业发展之路,专家建议他们利用自备电厂的优势,发展耗电量较高的水泥生产。这项建议与范清荣的想法不谋而合,他下定决心生产水泥。

然而,此时——2001 年的范清荣眼看就是 70 岁的人了,岁月不饶人,其体力和精力都很难支撑水泥生产这一新的目标和任务,物色接班人的事很快就提上了日程。

创业难守业更难,这些年辛辛苦苦创下的事业交给谁才能守住呢? 范清荣有三个儿子,三个儿子在各自的岗位上都担负着重要工作。大儿子范水利,任辉县市国税局局长;二儿子范海涛,在巡警大队任副局级侦察员;三儿子范江涛,任获嘉县检察院检察长。他一个个分析了孩子们的现状,都很出色,都不舍得让他们离开自己的岗位。但是,为了集团的事业,范清荣左思右想，必须要牺牲一个儿子的仕途。经过深思熟虑后，他看中了老二范海涛。

范海涛儿时的吃苦勤奋磨炼了性格、锻炼了意志，铸造了块儿好钢、好料。这一点，范清荣老爷子一点一滴看在眼里、记在心中。在范清荣看来，海涛脑瓜子灵、党性强、会带人，又勇于吃苦耐劳，把自己奋斗一生的事业交给他自己也放心。因此，范清荣认定，海涛就是孟电最合适的接班人！

艰难抉择

然而，当范清荣把这个心愿告诉范海涛时，没想到却被儿子一口回绝了。“我在公安局巡警大队干得好好的，对企业我一不会管理、二不懂经营，能挑起这根大梁吗?”范海涛说。

范海涛的拒绝有他的道理。范海涛有顾虑。他说:“我当时在公安局，已干到巡警大队长、副局级侦察员，负责全县的安保，不管大小也是个领导。当时，我还被列为重点培养对象和后备干部人选。而到企业呢？企业存在我就有工作、有饭碗，企业要是倒闭就意味着失业。在当时，小火电不是个好的发展方向，别人都是往上走，我往下走。怎么比较，都不能到电厂来。”

范海涛的这种想法，让母亲顾族荣也作了难，一头是相濡以沫的丈夫，一头是十指连心的儿子，顾族荣也十分清楚让海涛来企业接替父亲的班，那可是个苦差事……

范海涛有压力，他说:“父亲的光环太耀眼了，我接父亲的班到底能发挥多大的作用？我能干得比他好吗？心里没底。”的确，父亲范清荣创造了太多的孟电奇迹。范海涛要走马上任，除非干得比父亲好，否则会感到对不起孟电，对不起父亲的重托，更对不起人们的期盼。而这一切，都还是个

范海涛参加孟电集团生产建设

未知数。因此，父亲每次提及交班之事，他总是非常矛盾。

面对这样的压力和顾虑，站在人生十字路口的范海涛进行着激烈的思想斗争。最后，忍痛割爱，他下定了决心：选择孟电！

促使范海涛最终选择孟电的是两个字：忠孝！范海涛说：自古忠孝不能两全。但是我来孟电，就能做到忠孝两全。忠，即忠于党、忠于老百姓，在干事创业时为老百姓做贡献；孝，即孝敬老爷子，完成父亲的夙愿。大哥不来，小弟不来，父亲70多了，父亲一生刚强，事业心强。如果从外面调人过来，怕班子不和。考虑到这两点，范海涛才下定决心辞官从商。

就在范海涛决心忍痛割爱的同时，组织命令也来了。县委书记朱性福、镇党委书记李彦军找到范海涛，说：于公于私你都得来，于公，40来岁正是你干事创业的时候，你生在孟庄长在孟庄，应该为孟庄做点贡献。于私，老爷子这么大年纪了，你不替他叫谁替他！不管你愿不愿来都得来！

这些谈话对范海涛触动很大，在范海涛看来，作为一名共产党员，服从组织命令，也是忠于党的具体表现。

2002年的春天来临了。伴随着春天的脚步,英姿勃发的范海涛,听从党组织的召唤,依依不舍地脱下那身浸满17年辛勤汗水的警服,双手接过孟电集团的帅印,踏上了企业二次创业的崭新征程。

霎时间,成千上万双的眼睛不约而同地注视着他,成百上千家的企业不无疑虑地关注着他,各种猜测一时纷起。但是,大家的心愿只有一个,那就是期盼着孟电集团能在范海涛的率领下,一如既往地破浪前行,谱写新的篇章,实现新的飞跃,再创新的辉煌!

不明就里的人们不禁要问:一个刚刚由乡办企业改制而成的本土民营企业,一个刚刚由政法战线转行而来的企业总经理,何以让那么多的民众和企业所瞩目,并且被寄予殷切的希望呢?

答案是:孟电集团与这些民众的生活状况、这些企业的生存发展息息相关,领航人的综合素质与孟电集团的前途命运紧紧相连。

上任伊始

干一行,爱一行。为了尽快熟悉业务,范海涛任总经理以来,常常天一亮就到了工地,天黑尽了,上夜班的工程队来接班了,他才回去匆匆吃点饭,晚上又挑灯夜战,处理日常工作,学习工业管理、经济学、统计学等有关企业管理知识,并在短时间内取得了经济师资格。

在工地现场,他既是敢打硬仗的战斗员,又是多谋善断的指挥员。在第一条日产1000吨熟料干法水泥生产线的建设过程中,他的过敏性眼病复发,眼皮红肿,迎风流泪,但他没有离开工地一步,坚持和工人们并肩作战;在兴建5.5万千瓦热电机组时,长期超负荷的工作使他患上了脉管炎,他也只是晚上到医院输液,白天照样一瘸一拐地奔波在工地上;在孟电集团两条日产3000吨熟料干法水泥生产线遭遇资金困难时,范海涛毅然以自家的房产作抵押贷了99万元救急。他的行为感染了所有参建人员，大家齐心协力克服困难，终于以最快速度使生产线建成投产，被人们称为“电流般的速度”。当两条日产3000吨熟料干法水泥生产线建成投产后，众人一片欢腾，他却因体力透支、心力交瘁，倒在了工地上。短短几个月时间，他瘦了25斤。长期的辛勤劳作使他患上了严重的颈椎病，但他没有因此而放慢前行的脚步，他忍着剧烈的头痛和阵阵的眩晕，执着于选定的事业，憧憬着企业的未来。

上任伊始，他常常几个月顾不上回家一次，挑灯夜战是常有的事。范海涛觉得，到一个新的岗位，他急需充电，学习专业知识，加强理论学习。有一次，他有急事回家，5个月前请的小保姆竟然拦着不让他进门，范海涛只得站在家门口做自我介绍。

范海涛非常注重培养与员工的感情。尽管他自己废寝忘食，却时刻把员工的冷暖放在心上，每逢节假日，他都会到生产一线慰问职工，到伙房安排调剂伙食，还一年连涨两次工资，想办法提高职工的福利待遇。每逢职工有了困难，他都慷慨解囊，并号召员工为遇困者捐资以解燃眉之急。他的道义之行，奠定了日后孟电集团崇德向善的文化氛围，以人为本、以德治厂的理念渗透了整个孟电集团。他浓浓的人情味和特有的人格魅力赢得了员工的尊敬和爱戴，为日后凝聚全厂力量、实现更大的发展打下了基础！

第五章

破釜沉舟：孟电插上腾飞的翅膀

咱是党的人，现在党和政府要求我们节能减排，搞好环保，造福百姓，不祸害子孙，咱孟电集团一定要带头。

——范海涛

历史的回放

让我们把历史的镜头回放到1987年夏初，孟电集团的前身——辉县孟庄火电厂孕育之时。

在改革开放的大潮席卷辉县大地的火红岁月里，孟庄乡雨后春笋般地涌现出了2000多家乡办企业、村办企业、联办企业和户办企业，但是电力严重不足的困窘像一条无情的绳索，死死缠绕住了企业的手脚，供电量连需求量的一半都不到。时常大面积停电造成的合同违约不仅严重制约了经济的发展，更为痛心的是严重损害了孟庄乡的声誉：生意不做孟庄乡，说了不算瞎球忙，白纸黑字擦包纸，上了一当又一当。更不要说广大村民的日常生产和生活用电了：电磨不转，电灯不亮，电视无影，喇叭不响成了常态。

时任乡党委书记的赵启忠清楚地记得，一天早上刚进办公室，就看到办公桌上摆着28个行政村、14个乡办企业请求尽快解决用电的紧急报告。

河南孟电集团水泥有限公司

这位多次走遍全乡千家万户的党委书记,眉头拧起了疙瘩,站在桌前抓起笔来狠狠地写下了“办电兴厂,发展孟庄经济”十个大字。

乡党委会一致通过了赵启忠的提议。上级党委和政府也对孟庄火电厂寄予厚望,希望他们自力更生,杀出一条血路。

1988 年 6 月,孟庄乡改设为镇。7 月,在赵启忠、范清荣的带领下,经过 10 个月 20 天超出常人所难想象的艰苦奋斗,第一台 6000 千瓦热电机组并网发电,孟庄的民众和企业从此结束了电力严重短缺的历史。

1989 年 8 月,第二台 6000 千瓦热电机组并网发电,孟庄经济腾飞了。全镇不仅用上了电,而且价格优惠 20%~30%。仅此一项,多少个家庭和企业得到了实实在在的利益,更不要说孟电集团在优惠电价之外,慷慨解囊,直接资助了多少个家庭和企业摆脱困境。依靠孟电集团提供的资金、技术与管理,昔日全镇倒数第一、靠编筐窝篓养家糊口的小蒲水村变成远近闻名的富裕村,濒临倒闭的新乡市长城矿山机械厂、辉县市第二化肥厂等一批企业起死回生,成为市场竞争中的佼佼者。

孟电集团迅速成为镇政府财政收入的第一大支柱,众多企业的动力之源,老百姓心目中的靠山和主心骨。

然而,这一切都已然成为过去。少帅范海涛扛得起孟电集团肩负的千斤重担吗? 人们拭目以待!

众人的疑虑并非凭空而来。

20 世纪 90 年代,辉县名列河南省产值过亿的 10 个县之一,小水泥、小化工、小造纸、小冶炼、小建材遍地开花,达到了 1000 多家,水泥产量占据全省的半壁河山。但是,低起点托起的耀眼光环之下,同时潜伏着深重的危机,曾经的青山绿水、蓝天白云,如今被终日笼罩在昏昏沉沉的雾霾之中。

抬头不见天,尘土满身沾,出门捂着脸,吃饭盖着碗,一年吃块预制板。其时,还有更为尖锐辛辣的民谣:GDP,GDP,毁了家园算个屁。辉县真能干，处处黑烟窜，灰土满天飞，臭气满鼻钻，太阳看不着，辉县变灰县。

不断恶化的生态环境，使辉县付出了惨痛的代价，经济从发展变为停滞，随后又变为滑坡。患呼吸道疾病的人员比例是全省平均值的几倍。社会矛盾频发，一些地方因排污问题引发群体械斗……一位考察投资的客人在回答什么时候再来时说，等“暗无天日”变成“云开雾散”再说吧。

2002 年，辉县市委、市政府以壮士断腕、背水一战的决心和力度，调整产业结构，推动经济转型，开始向高能耗、重污染宣战。

严峻考验的理性选择

调整结构、转型发展，意味着什么？

在辉县，这八个字意味着几乎百分之百的工业生产企业将被卷入“关、停、并、转”的激流，意味着数十万员工很可能失去原有的工作岗位和家里的经济来源，意味着天文数字般的技术改造资金的投入，意味着数以万计各类专业人才的需求，意味着社会动荡危机的潜伏和 70%以上财政收入断源的可能。一时间议论纷纷，流言漫天，几个大企业甚至一起到市委门口举行了“隆重”的上访仪式，要求维持原来的落后生产工艺和方式。

大限临头，以陈旧工艺、技术和设备进行水泥生产为支柱之一的孟电集团也在劫难逃。这就是范海涛走马上任所面临的严峻形势与局面。

漫天的雾霾、弥漫的忧虑、巨额的资金、全新的技术、员工的岗位以及已有资产的毁弃叠加在了一起，像绵延千里的太行山一样，重重压在了范海涛的身上，毫不留情地考验着他的忠诚、胆略与能力。与此同时，党和政府、广大的民众、孟电集团的员工，都在盼望着他能早日带头交出一份优秀的答卷来。

一贯以党和国家政策为企业行为准则，以产业报国、造福人民为己任

孟电集团 2×30 万千瓦热电机组

的孟电集团,没有辜负党和政府、广大民众的期盼,率先站了出来,决定自筹资金,加快建设低能耗、轻污染、高质量的新型干法水泥旋窑生产线的步伐,自毁家业,爆破拆除全部的三条高能耗、高物耗、高污染、低质量的立窑水泥生产线,力争转得快、转得好。

决定刚一做出,立刻引起了不小的震动。业内有人说,立窑水泥虽然技术落后、质量一般、污染重、能耗高,但毕竟投资了 4000 万元,而且生产管理轻车熟路,市场销售日进斗金。有人说,辉县不缺煤,管他能耗不能耗;大家有活干、有钱花,看不见日头算个啥! 有人算了这样一笔账:三条生产线拆掉就是 4000 万,停产又是 6000 万,新建还要 1 个亿,三项一加就是 2 个亿,希望能拖一天是一天,还是等等看吧。有人甚至挖苦孟电集团是出风头、抢镜头,最终非要吃苦头不可。

面对各种议论和流言蜚语,范海涛和他的老父亲——孟电集团的创业元勋范清荣陷入了沉思:多数的议论并非没有合理的成分,但道理小了点儿;舍掉眼前的利益,作点儿难,但是能换来企业的长远发展,这是大道理。

大道理总是要管着小道理呀！咱们过去听党的话，带头创办乡办企业，孟电集团才有了今天，说明听党的话、跟党走没有错。今天，党和政府要求我们转型升级，这不是又给我们指出了新的发展方向了吗？听党的话不是出风头、抢镜头，只有吃了苦头才能尝到甜头，这次咱还是要站在前头，走在前面！

政治、经济两本账

范清荣满怀深情地回忆起当年创办火电厂、钢铁厂和造纸厂的情景。那时的辉县碧水蓝天，清风拂面，呼一口满带花香的清新空气，人都要醉了。为了引来客户，留住人才，范清荣亲自领着一批批的外地客户和技术人员，游览辉县的自然风光和名胜古迹，邀请县文化、文物部门的工作人员为客人讲解辉县的悠久历史，踏访东晋时期著名的竹林七贤在此隐居豪饮、乾隆皇帝在此消夏避暑的故地，吟诵客居此地的著名诗人郭小川“劝君

范海涛在电厂工地

来作辉县客”的诗篇,把苏轼、岳飞、唐伯虎、郑板桥、赵子昂等人的遗迹墨宝一一指给他们看。范清荣的一句话“俺辉县要是不好,皇帝和那么多朝代的文化人会来吗?”客人们哄然大笑,厂子办起来了,生意几乎全都做成了。范清荣语重心长地说:“咱可是沾了老祖宗留下的这块宝地的福气啊!”

范海涛也不禁回忆起少年时代的情景来。天蓝得透明,水清得见底,沟沟坎坎都有鱼有虾,玩渴了掬一捧水就能喝,而且不闹肚子。站在村子边上就能看见满是葱郁植被覆盖着的西山和北山,就像美丽的图画一样。他还忆起20世纪80年代全国青年喜爱说的“做无愧于前人的子孙,做无愧于子孙的前人”这句话。两个“无愧”内涵丰富,其中保护好环境,不祸害子孙,可是最为重要的内容之一。

美好的回忆,使范清荣、范海涛原本有些沉闷的心情逐渐开朗起来。“咱是党的人,现在党和政府要求我们节能减排,搞好环保,造福百姓,不祸害子孙,咱孟电集团一定要带头。”父子二人,老帅少帅,两名相隔28年入党的共产党员想到一起了——破釜沉舟、背水一战!

思想是新思想,办法却是老套路。为了使投资1亿元的第一条日产1000吨新型干法旋窑水泥生产线早日建成投产,以保证企业生产经营的连续性,保障员工的岗位和收入不受影响,保证国家的税收不受损失,为早日拆除污染严重的老生产线创造条件,范清荣、范海涛带着铺盖卷儿一头扎进了施工现场,用石棉瓦搭起了指挥部,实行现场办公,随时随地地解决工程建设中出现的问题。

身先士卒、靠前指挥、苦干巧干、强攻硬上,是范清荣、范海涛父子俩此前在各自不同战线上的一贯作风和屡战屡胜的诀窍。

对于范海涛来说,既然接过了帅印,就要尽快转变好角色,尽快由门外汉变为行家里手。他懂得如果光说外行话,净办外行事不行,假把式不仅会在管理团队和员工队伍中威信全无,名声扫地,而且迟早要断送企业的生存与发展。现在,完全是升级换代版的新型干法水泥生产线正在紧张地建设施工,这可是从源头开始学习业务、了解生产管理知识的绝好机会。

范海涛同时当起了水泥、发电两个不同专业的小学生。一头是抓紧与集团领导班子每个成员的沟通交流,一遍遍地巡察热力公司的每个岗位、每道生产流程,拜工程技术人员和员工为师,尽快上手;一头扑在干法水泥生产线建设施工工地上,陪着施工队伍和工程技术人员同吃、同住、同劳动,在实际工作中摸爬滚打增长才干,在并肩工作中增进相互之间的了解与友谊。这真是一举多得!

短短三个来月的时间,范海涛实现了从一个政法干警到一个企业集团总经理的快速转身,同时也以自己脚踏实地、敢于担当的言行,得到了集团上下的认可。个中的艰辛与努力,从他那终日疲惫的身姿和布满血丝的双眼中就能得到答案。

然而,时任孟庄镇党委书记的李彦军,还能做出另一种与众不同的解读:"海涛接了帅印,也是没日没夜地苦干实干,这下子可让几十年来一心扑在事业上的老父亲范清荣能从办公室、工棚里回到家里休息一下了,这是忠孝两全。"仔细想想,李书记的见解确实高人一筹。

没有比较就没有鉴别,没有鉴别就分不清优劣。

2002 年 6 月 18 日,是个非常值得载入辉县市经济发展史册的日子。这一天,采用世界领先、国内一流的第三代干法预分解旋窑工艺建成的生产线在孟电集团正式投产了,日产 1000 吨提高型干法水泥,这是辉县市的第一条。它的诞生,标志着全市水泥企业升级换代的大幕已经开启,预示着全市水泥企业升级换代的"革命"成功。

让我们以国际化的视野做一简单的叙述:此时传统的水泥生产立窑,除我国之外,全世界仅存 200 余座,并且大都分布在经济极不发达的国家和地区。立窑水泥被国际上普遍淘汰的原因,就在于它的高污染、高能耗、高物耗和极不稳定的质量与过低的劳动生产率。

与之形成鲜明对比的是第三代干法预分解旋窑水泥,能耗下降30%,煤耗下降39%,综合能耗至少下降25%;水循环利用率达到93%,废水排放量下降到原来的1/5;除尘效率超过99.8%,粉尘排放量下降到原来的1/11;采用计算机控制生产流程和工艺,窑、磨等主要生产岗位无需专人看管,质量稳定,劳动生产率至少提高6倍。尤其是在自然资源利用和环境保护方面,它把原先必须抛弃不用的低品位石灰石和长年困扰政府、企业的发电厂粉尘、煤渣变废为宝,成为主要的生产原料;也不再使用萤石、黏土等添加用料,从而结束了原先对自然资源的掠夺式开采和对耕地的不可恢复性毁坏。从市场占有率来看,立窑水泥因天生的具有凝结时间长和抗渗性、耐磨性、抗海水腐蚀性差的致命弱点,以及人工操作、工艺落后造成的"过烧""欠烧"现象严重,导致质量不稳定,无法进入高层建筑、基础工程和重点工程建设的领域。这就是国家制定由干法旋窑水泥取代立窑水泥的产业政策的重要原因之一。

无论从政治觉悟、社会责任,还是从经济指标和效益上看,我们更深刻明白了范清荣、范海涛父子为什么铁了心地响应党和政府的号召,玩了命

孟电集团水泥有限公司水泥生产线

地抢上、快上新型干法旋窑水泥生产线的信心、决心和干劲。

在第一条新型生产线紧张施工的日子里，范清荣、范海涛父子无论是节假日、白天黑夜，或者是暴雨狂风、烈日当头，只要没有非去不可的其他工作，他们总是白天连着夜晚盯在露天施工的现场，流的汗水丝毫不比施工人员少。工人们下班休息了，他们还要在工棚里归拢一天的情况，铺排第二天的工作，常常忙乎到深夜一两点钟。第二天早上6点半，又都准时出现在与施工队的碰头会上，沟通交流情况，统一思想。他们把一分一秒的时间看得比金子还要珍贵。

这是因为在范清荣、范海涛的心中，清清楚楚、时时刻刻地摆着两笔账，两笔账的“总决算”成果，是早一天建成干法水泥旋窑生产线。

其一是政治账。新的生产线形成能力，企业就能够持续生产经营，员工就不会下岗，社会就会稳定，爆破拆除旧的生产线就会成为水到渠成的容易事，自然也就为全市的节能减排做出了贡献。

其二是经济账。工期每提前一天，仅银行的贷款利息就能节省23000多元，加上投产后的产值和利润，每天的总体效益至少在20万元以上。时间就是不折不扣的真金白银，一时一刻也容不得轻易流逝和白白放过。

两笔账算得范海涛干劲倍增，可不承想连日的风吹日晒和休息不足，使他的过敏性眼病复发了，两眼肿成了一条缝，稍遇风吹和亮光就会流泪，但他没有休息一天，昼夜和大家吃在工地、干在工地上，夜深了就蜷曲在逼仄的工棚里，与嗡嗡直叫的蚊虫一起，等待着黎明的到来。家，虽然近在咫尺，但对于他来说，就像远隔万水千山的幸福港湾，难得享受几次融融温馨的三代同堂的天伦之乐。

孟电集团的老职工和施工队担心范海涛拖垮了身体，纷纷表示一定会抓紧工期，保证质量，劝他注意休息。范海涛感动地说：“我不是信不过大家，我是个新手，在工地上多待一天，就能多学到一些东西。工程有啥问题,咱大家当场解决,也省了来回联系耽误时间。再说现在的条件比你们当初建电厂时好太多了,我年轻,没事儿。”几句发自内心的话语朴实无华,说得在场的老职工两眼噙泪。

在范清荣、范海涛的带领下,新的生产线仅用7个半月就建成投产了,一举创造了全国同规模建设中罕见的投资最少、工期最短、工艺最先进的三个之最,被誉为“神奇的孟电速度”,填补了辉县市干法水泥生产的空白。

随后,轰隆隆的几声炮响,曾为孟电集团的发展做出贡献的三条立窑水泥生产线,光荣地结束了历史使命,遗留在孟电人的回忆里。

这炮声,犹如报告春天到来的春雷,久久地回响在辉县市的上空,昔日沉沉的雾霾裂开了缝隙,一道明媚的阳光洒向了辉县市的大地。

转变思想续写辉煌

头雁高飞群雁走,榜样的力量大无边。

孟电集团作为水泥企业转型升级的领头雁展翅一飞,辉县市、新乡市的水泥企业大踏步跟了上来。两年间,65家水泥企业爆破拆除了小立窑生产线114条,170多家碎石场顺利进行了关闭、搬迁。新建成的干法旋窑水泥生产线,生产每吨水泥的煤耗仅103克,产生二氧化硫1000克、二氧化碳363克,经过处理的有害气体和粉尘排放量均在国家规定的标准以内。仅此水泥一个行业的升级换代,就使全市的粉尘排放量减少了三分之一以上。

辉县市的山山水水,开始绽露出了久违的甜美笑容。

转变思想,黄金万两;观念更新,万两黄金。更为可贵的是,孟电集团勇于自我加压、勇于创新发展、勇于承担社会责任的意识,注重质量、转变方式、坚持可持续发展的思路,效益决定发展、环境决定生存的理念,在全市乃至全省范围内得到了广泛的传播,逐步得到了广大企业和企业员工的赞同,到孟电集团学习取经的人员络绎不绝,大批的企业开始走上了升级换代、转型发展的绿色发展之路。原本“你要节能减排”的行政决定,逐步变成了“我要节能减排”的自觉行动。

省市领导、业内同仁和辉县市的广大群众异口同声地称赞孟电集团是节能减排、保护环境、造福子孙的排头兵和大功臣。

孟电集团当之无愧!

没有远虑,必有近忧。大鱼吃小鱼、快鱼吃慢鱼的市场竞争规律,深深刻印在范海涛的脑海里。

面对首战成功的喜悦,范海涛没有沉醉其中,反而乘势而上,一鼓作气地率领着孟电集团在火力发电、水泥生产、污水处理、建材生产、房地产开发、节能环保、循环经济这七条战线上相继擂响了大举进军的战鼓。

2002 年 7 月,投资 1.5 亿元的 5.5 万千瓦的 7 号热电机组并网发电。

2003 年 6 月 23 日,投资 8000 万元的第二条日产 1000 吨熟料干法水泥生产线建成投产。项目荣获河南省冶金建材行业优秀工程设计一等奖,并被誉为河南省水泥行业样板工程。范海涛也将《低挥发粉煤燃烧技术及系统装备在新型干法水泥生产线中的应用研究》论文一等奖证书收入囊中。

2004 年 7 月 3 日,投资 5 亿元的第三条、第四条熟料干法水泥生产线建成投产,各自日产 3000 吨。整个工期 8 个月,业内惊呼简直是“电流般的速度”。

2005 年 1 月,投资 1.7 亿元的 6 万千瓦的 8 号热电机组并网发电。

2006 年 1 月 21 日,投资 1.8 亿元的第五条干法水泥生产线建成投产,日产 4500 吨。从动工到投产仅用了 100 天,来自全国各地的专家学者和业内同仁纷纷感到不可思议,称之为“神话中的神话,奇迹中的奇迹”。

2007 年 5 月 1 日,投资 1 亿元的两台 7500 千瓦环保节能纯低温余热发电机组投产发电,每天节省原煤 120 吨。该项目是全省建成的第一个。

2007 年,孟电集团恒达房地产有限公司成立,随即以平均 20 个月的工期,相继开发建设孟电花园等 8 个项目,建筑面积 115 万平方米。

2008 年 10 月,投资 26.9 亿元的两台 30 万千瓦热电机组开工建设。

2010 年 1 月 1 日,出资 8000 万元收购成立孟电集团污水净化有限公司,日处理污水 5 万吨。

2011 年 5 月 1 日,投资 2 亿元的第六条干法水泥生产线点火成功,日产 5000 吨。至此孟电集团年产 700 万吨,成为河南省最大的干法水泥生产基地。产品大量用于南水北调、京珠高速、黄河二桥等国家重点项目建设,高峰时提货的重载卡车首尾相接看不到尾。郑州市 80 多家商业混凝土搅拌站有 40 多家使用孟电水泥,市场占有率达到 60%以上。

2012 年 3 月 5 日,第二台 30 万千瓦发电机组投入商业运行。

2011 年 7 月 3 日,新型建材第一条生产线建成投产,孟电集团新型建材有限公司正式成立。随后建成 3 条生产线,年产 C10~C60 强度的商品混凝土 180 万立方米。

在范海涛执掌孟电集团的 12 年里,总计投资 42 亿元,使企业一步一个脚印地发展成为热电、水泥、房地产、污水处理、建材等多领域经营的现代企业集团。这些项目不仅上得快,而且上一个成一个,创造了令人瞩目的神奇孟电速度和孟电效益。固定资产从 2002 年改制时的 2.5 亿元一路飙

前进中的河南孟电集团

升到50多亿元，销售收入、实现利润、上缴税金三项硬邦邦的指标，均位于新乡市的第一方阵。

有人说，范海涛命好，干啥啥成。范海涛说，是孟电集团的班子好、员工队伍好，是党的科学发展观指引、鞭策着我们向前看、向前走，不敢有丝毫的懈怠。

2002年，范海涛走马上任之时，孟庄镇被国家发改委确定为全国可持续发展综合实验区。范海涛和班子成员一遍遍、一字字地阅读相关政策与要求，确立了孟电集团“一业为主、多业并举、综合利用、持续发展”的战略。

辉县天华物宝，本地高品位、大储量的石灰石和煤炭资源是生产水泥的绝好原料，而水泥是高电耗产业。绝好的原料和充足的电力，孟电集团兼而有之，于是孟电水泥呱呱落地；产出水泥需要包装，于是编织公司应运而生，现已滚动发展到拥有2万平方米厂区，年产水泥塑料包装袋800万条；发电、水泥生产需要大量的清水，于是果断出手，收购财政负担沉重的污水处理厂，使政府、百姓、企业多方受益；发电厂每天产生粉煤灰1500多吨无处堆放，成为公害，于是对症下药，投入400多万元将水膜除尘全部改为静电除尘，既提高了除尘效率、节约了水资源，大大减少了污染，还为煤灰的综合利用创造了条件；水泥生产产生的大量余热原先直接排放到大气中，造成极大的浪费和污染，于是敢为人先，投资1.7亿元，在全省率先建成两台7500千瓦纯低温余热发电机组和循环水处理系统，每年发电1亿千瓦时，节省原煤6万余吨，窑头排烟温度由360摄氏度降低到100摄氏度，窑尾排烟温度由310摄氏度降低到220摄氏度，全年减少有害气体排放12.6万吨，污水排放下降到7%，创造直接经济效益5000多万元……

环环相扣、胆识超人的连续性大手笔投入，使孟电集团成功打造了一条产业链条，实现了循环经济。

2004年10月10日，国家质检总局传来喜讯，孟电牌42.5号、32.5号水泥被评定为国家免检产品;2010 年 1 月 15 日,国家商标局再传佳音,孟电水泥被认定为中国驰名商标。如今,名扬全国的孟电水泥已成为孟电集团的一大支柱,催生它的居然是电厂的废物、环境的罪魁——粉煤灰。

如果说高潮迭起的巨额投入是“热”,那么实事求是的审慎决策则是“冷”。

2003 年 10 月,在做大做强、拉大企业框架的口号影响下,孟电集团注册了新辉铁路有限公司,计划投资 1 亿元从国家铁路接轨一条到孟电集团的铁路专用线,并紧锣密鼓地取得了国家行政许可。项目如若实施,将结束辉县千百年来没有一寸铁路的历史,全市一片欢呼。此时已在市场经济浪潮中锻炼了两年的范海涛反倒平静了下来,孟电集团必须要有这条铁路吗?经过组织专业人员对原料和产品运输需求的反复测算、不同运输方式的反复比较,最终决定缓建铁路。此后十年的实践证明,这个决定使孟电集团避免了沉重的债务和专用线利用率低、维护成本高的两大负担。

2010 年的煤价像喝醉了酒一样,每吨从年初的 550 元几步就蹿到了 800 多元。这年冬天的一个深夜 11 点多钟,气温零下 8 摄氏度,一队运煤车正准备卸车,事先未打招呼的范海涛只身来到煤场抽查煤质。值班的员

孟电集团污水处理厂

工以为他只是随便转转例行公事,谁知在简单询问了有关情况后,范海涛甩掉外套拿起铁锹,随机爬上了一辆2米多高的煤车车顶,刮开表层,仔细查看煤的颗粒、杂质,抓起煤炭估摸着发热量和含水量。更让大家意想不到的是,他随后又一锹一锹地刨开一米多深的煤层,直至车厢的下部,进行深入细致的观察,亲手取出煤样封存送检。燃料车间职工侯玉文等同志劝他赶快进屋暖和暖和休息一下,他静静地站在车下说:"现在,煤炭已经占到发电成本的70%以上,咱每个人都要为把住这第一成本的关口尽心呀!"

长期的连轴转,使范海涛患上了严重的颈椎病,发作时天旋地转,头痛难忍,几次瘫坐在工地上。工程紧张时刻,他一连几个月奔波在工地和有关厂家,根本顾不上回家。筹建3000吨干法水泥生产线时资金困难,范海涛用自家的房产抵押贷款。4500吨干法水泥生产线投产之日,他因身体严重透支晕倒在工地上,短短几个月体重减少了25斤。那张生产线点火时的照片,如实记录下了他消瘦的面容和疲倦的身姿。

2010年1月1日,孟电集团投资8000万元收购了市污水处理厂,每年还要贴进去1100多万元维持运转。很多人不理解,认为全国各地处理污水都是政府的事,咱一个民营企业何苦要揽这个包袱?范海涛却是这么看的:把污水处理纳入孟电集团的产业链,就可以变包袱为财富。每天处理的5万吨污水,既能替代发电厂、水泥厂购买的巨额生产用水,又能为附近村民免费提供灌溉,还能保护好辉县的生态环境,是一个为政府分忧、为百姓造福、为企业创利的好事。

诺言在兑现之前往往受到怀疑。5公里污水管道经过的5个村庄不相信天上会掉馅饼,初期半个月只铺了300来米。范海涛随即逐村挨户走访,和村干部、村民促膝沟通交谈,往往一聊就是一天,甚至到深夜,很快得到了大家的理解和支持。处理后的水质达到二级水标准,原先臭气熏天的河流又恢复了碧波荡漾、鱼虾戏水的美景。沿线村民全部免费灌溉,每户每年节省400多元,惠及5000多人。

河南日报社新乡记者站站长李虎成采写过几十篇范海涛的事迹报道,他发自内心地感到,范海涛是一个不说大话、不说套话、不说俗话、不说官话的真诚、务实的人。

范海涛成功了。但也有人心中不免打了一连串儿的极大问号:孟电集团凭什么本事挣了那多的钱?范海涛的哥哥是税务局局长,会不会帮助他在国家税收上做了手脚?孟电集团是辉县市、新乡市的一块金字招牌,有没有政府给予的优惠政策?……

捋直问号的最好办法是摆出事实。

毕业于吉林大学的孟庄镇党委书记孙福海讲了这样一件往事:2013年底的一天,范海涛主动打电话,问今年镇上的税收任务完成得咋样。当听说下限任务没问题,上限奋斗目标还有缺口时,范海涛当即表态孟电集团想想办法。放下电话,范海涛找到主管财务的副总经理王克有,尽管孟电集团不欠国家一分钱的税款,但两人还是商定,要按照"挖干抠净"的思路,协助镇上完成税收的奋斗目标。这个想法得到了集团领导班子的赞同,硬是挤出了2000万元的税款。有人说范海涛和孟电集团在纳税上一个心眼从脑门通到脚底板——傻透了,而范海涛和领导班子的成员却认为,孟电集团能为国家做点儿贡献,一心一意地回报政府和父老乡亲的关爱是应尽的职责。

范海涛曾说:共产党讲党性,老百姓讲良心,企业要讲社会责任。表现在纳税上,孟电集团每年都要主动邀请税务机关上门入驻查账,遇到税务部门人手紧张时还要"走后门拉关系"请他们来。

范海涛的想法是:隔行如隔山。企业财务人员毕竟不是国家税务专业工作人员,查出问题给我们讲讲,既能够避免我们的失误,提高我们的素质和管理能力,维护好企业的形象,还可以保证国家的税收,让大家都能睡个安稳觉。一举多得,何乐不为呢?由此可见,依法治企、依法纳税的意识和行为,在范海涛和孟电集团领导班子的心目中占有何等重要的地位。他们这种欢迎查、主动查、不怕查的底气来自哪里?来自他们对国家的赤诚、对社会的负责、对家乡的热爱和对法律的敬畏。

2008年初,范海涛麾下的房地产公司与另外三家房地产公司一同参加一块300亩建设用地的竞标。竞标的头天晚上,这三家公司的老板一起找到他说:"范总,咱们都是同行,明人不说暗话,你给我们每家400万,明天我们不和你竞标,让你们以最低价拿下。这对大家都有好处,你看咋样?"完全是一副视招投标法律为儿戏的权钱交易腔调。范海涛说:"这个交易我不做。做人做事要有原则,你们还是好自为之吧。"结果每亩的出让价从26万元攀升到38.9万元,孟电集团方才中标。

孟电集团的钱就是这样挣来的,是范海涛和他的管理团队、全体员工辛勤劳动换来的,干干净净、问心无愧!

请看范海涛主政孟电集团之后的纳税业绩:2002年0.22亿元;2005年0.56亿元,是辉县市第一家税收突破5000万元的企业;2006年0.83亿元;2007年1.17亿元;2008年1.4亿元;2009年1.1亿元,其困难的背景是贷款26亿元的30万千瓦发电机组正在建设施工,全球陷入经济危机;2010年1.3亿元;2011年1.6亿元;2012年1.6亿元;2013年1.54亿元。

税收之外,孟电集团还无偿捐出了2亿多元用于社会公益,使失学的青少年坐进了明亮的课堂,年迈的老人住进了设施齐全的敬老院,急需救助的地震灾区群众得到了人间的温暖,几近倒闭的多家企业焕发出勃勃生机……

范海涛,辉县人民谢谢你!

第六章

惊天动地：为了蓝天碧水的承诺

有孟电集团党委在，有3000多名员工队伍在，凭着我们特别能奉献、特别能战斗的作风，一定能够按时投产，每年上缴税金稳定超亿元，实现孟电集团的二次创业，再铸新的辉煌！

——范海涛

2014年的春天，知时的春雨把辉县的天空洗刷得格外蓝，原野分外绿。

范海涛和孟电集团的3000名员工一起，纷纷露出了舒心的笑容。

这一年的4月24日，国家主席习近平签署了第九号主席令，修订后被法律界、经济界称为史上“最严厉”的环境保护法正式公布了，并将于2015年1月1日起施行。

此前的2011年7月29日，国家环境保护部、国家质量监督检验检疫总局联合发出第57号公告，公布了第三次修订的《火电厂大气污染排放标准》，明确规定2014年7月1日起，全国以煤炭等化石能源为燃料的火电厂排放的氮氧化物，每立方米大气中的含量不得超过100毫克。逾期超标的企业，将予以停产或者关闭。

这两项具有强制性的法律和国家标准，对于环境保护不达标的火电企业来说，无疑面临着不可规避的严峻考验。高污染火电企业的“大限”真的来到了！

然而，以燃煤发电为第一主业、理应参加这场考验的孟电集团却不在其中，因为他们早在3年之前，就主动以损失10多亿元的巨大代价，在全国众多的民营火电企业里第一个通过了国家的大考。范海涛和孟电集团的3000名员工怎能不露出舒心的笑容呢？

国务院限令引发的沉思

2007年春节，欢乐的气氛还未散去的一天傍晚，平日里难得按时下班回家的范海涛，利用节日期间生产任务减少一半的空闲回到家中，暖融融的温馨之情把全家老少环绕在饭桌周围。忽然间，范海涛空举着筷子，两眼紧紧盯着中央电视台正在播报的新闻一动不动，好像中魔了一样，直到在老母亲和儿孙们的催促下方才回过神来。

这天夜里，范海涛失眠了。他瞪大眼睛望着天花板，脑海里一遍遍地回想着、思考着那条新闻的内容：国务院批转国家发展改革委员会和国家能源办公室关于加快关停小火电机组若干意见的通知。

通知指出：电力工业是全国节能降耗和污染减排的重点领域，能耗高、污染重的小火电机组是制约节能减排和健康发展的重要因素，决定着能否实现能源消耗降低20%、主要污染物排放减少10%的目标。坚决关停小火电机组，是贯彻落实科学发展观、构建社会主义和谐社会的重大举措，也是加快建设资源节约型、环境友好型社会的迫切需要。

为此，国务院决定在大电网覆盖范围内逐步关停单机容量5万千瓦以下的常规火电机组，运行满20年、单机容量10万千瓦级以下的常规火电机组，按照设计寿命服役期满、单机容量20万千瓦以下的各类机组，未达到环保排放标准的各类机组。年内全国拆除1000万千瓦小火电机组。

范海涛生怕听漏、听错了一个字，第二天一早就急匆匆地赶回公司，安排人员上网搜索有关信息。

春节小长假好不容易结束了，范海涛迫不及待地联系市政府有关部门查看文件，但是文件还没有到。有关领导劝他不要着急，他说："时间宝贵，等不及呀！"央求领导抓紧同省发改委联系。范海涛需要原原本本地尽快看到国务院的通知，全面准确地学习领会中央的精神。这是他正确引领企业生存发展的关键之所在。

2007年3月10日出版的《国务院公报》，全文刊登了国务院的通知和国家发展改革委员会、国家能源办公室关于加快关停小火电机组的若干意见。

文件很快来到了，范海涛把自己锁在办公室里，捧起文件一连读了两遍。节能减排、上大压小、限期关停，在别人眼中看似口号的简单三句话，顿时在他的心中掀起了巨大的波澜，搅得他一下子站了起来，陷入了久久的沉思。

孟电集团向何处去?

通知白纸黑字，清清楚楚地告诉他，发电企业是小火电机组关停工作的直接责任人，省人民政府对本地区小火电机组关停工作负总责，对拒不关停的小火电机组，责令其立即关停并予以拆除，同时追究相关人员的责任。

范海涛明白了，就连单机容量20万千瓦的火电机组，一旦设计寿命期限到来，也在关停之列，而孟电集团的全部8台小火电发电机组，总装机容量也不过是区区17.5万千瓦啊。按照文件规定，孟电集团的1至6号发电机组属于立即关停之列，并且要就地拆除报废，不允许异地重建;7号、8号机组即使煤耗、排污达标，也仅能勉强拖个十来年光景。更何况两项指标要想达标，还要投入巨额资金。

尤其是到期应实施关停的机组，电力监管机构要及时撤销其电力业务许可证，电网企业及相关单位应将其解网，不得再收购其发电，电力调度机构不得调度其发电，银行等金融机构要停止对其发放贷款的刚性规定，等于宣判了7号、8号发电机组缓期执行的“死刑”，而且缓期之后还是死，根本不可能改判为“无期”。

当家方知柴米贵。

作为企业掌舵人的范海涛清楚地懂得，8台发电机组一旦拆除，企业艰苦奋斗20年的基业将不复存在，10亿多元的财产转眼间将变为废铁;1000多名员工将失去工作的岗位，几百个家庭将失去主要的经济来源;干法水泥生产将要花费巨资购买电力，昔日低成本的优势一去不回;水泥减产将连带着编织公司半停产甚至停产……

一连串的巨大问题,卡得他的心头一阵阵发紧,他一连几天吃不下饭,睡不着觉。

为了稳定军心,范海涛把万般的焦虑深深地隐藏在心里,但他同时隐隐约约地感到,国务院的决定从来都是从全国的实际情况出发,从来都是配套的,自己这次是不是太着急了,没有全面准确地领会有关精神呢?

夜深了,范海涛静下心来,在办公室里再次捧起了国务院的通知。

心静了,头脑也就清晰了。在此之前,范海涛光顾着着急了,没有看清有关的鼓励政策。

——加大高效、清洁机组的建设力度。大力推进上大压小工作,在新建电源项目安排上,考虑小火电机组关停的因素,对关停工作成效显著的电力企业优先给予支持。

——鼓励企业关停小机组,建设大机组,实施上大压小。新建电源项目替代关停机组容量较多并妥善安置关停电厂职工的电源建设项目,优先纳入国家电力发展规划。

——企业建设单机 30 万千瓦、替代关停机组的容量达到自身容量 80%的项目,可直接纳入国家电力发展规划,优先安排建设。

——上大压小新建项目原则上按两台机组以上考虑。

——实施上大压小的新建机组,原则上应在所替代的关停机组拆除后实施建设。

范海涛紧锁的眉头渐渐舒展开了,因为他从国务院的通知中看到了地平线上的曙光,5 条政策的前 3 条里有 3 个优先,第四条讲的是两台的规模,第五条定的是先拆后建的程序。于是,他对孟电集团必须面临的大考现实和发展前景有了一个大致的轮廓,那就是上大拆小、节能减排,与国家的产业政策实行对接,进而实现同频共振。

不知不觉之中,清晨的阳光已经悄悄地爬上了窗台。又一个不眠之夜过去了。

缜密论证 “上大压小”

范海涛是个缜密的企业经营管理者。为了论证自己的设想,他虚心地请教省内外电力专家和国家产业政策的制定者,受益匪浅。

2台30万千瓦热电机组每度发电的耗煤,可从700克降到330克,全年节约原煤42万吨。也就是说,2台大机组发了60万千瓦的电,比8台小机组发17.7万千瓦的电还要节省一半的煤,按当年的煤价计算,仅此一项每年节约的购煤资金就达2.31亿元。脱硫设施可以达到脱硫70%,优于国家规定的标准,减排二氧化硫1.5万吨。以零利润对市内民众集中供热,可关停165台小锅炉,实现电热联产联供,更加符合国家的产业政策。本厂生产用电从10%降到5%。员工从1060人减少到300余人,劳动生产率提高3.5倍,并且电子计算机控制整个生产流程,直接排除了人为违章作业的潜在危机,大大提高了安全生产的可靠性。

这是多么诱人的美好前景啊!

然而,事情都有两重性。新建2台30万千瓦的大机组,直接资金就达26.7亿元,拆除8台小机组直接损失10多亿元,停产期间直接损失3亿多元,安置员工5000万元,培训员工800万元。最可怕的是,万一新建大机组项目批不下来,15亿元将付之东流,企业就千真万确地倒下去了。那么,你范海涛就是孟电集团千古不赦的罪人,万夫所指的败家子。

这就是范海涛,他是一定要从正反两个方面权衡利弊,彻底把握真实情况的企业集团的领航人。

在范海涛广泛听取各方意见,不断修改完善初步设想的过程中,一位环境保护部门的同志特意提醒他还要从国际环境保护的角度看问题。

现代经济被称为矿物燃料为基础的经济,经济高速发展的同时,过度排放的温室气体也快速加剧着大气环境的恶化。如果不能加快节能减排的步伐,不仅整个国家的国际形象将受到极大的损害,而且最终还是要承担条约义务,或者花费巨资从别的国家购买排放额。因为二氧化碳减排额将成为一种商品在全世界和国内流通。

我国是一个负责任的大国,尽管暂不承担义务,但并不等于无所作为,2007 年关停 1000 万千瓦的小火电机组就是例证。火电厂排放的二氧化碳占全国排放总量的 50%,有的省和地级市为当地排放总量的 70%~80%。火电生产上大压小、节能减排,即可有效地大幅度减少排放量。

范海涛明白了,自己原先仅从脱硫、脱硝、除尘方面考虑环保,对低碳方面注意不够。大机组发电多反而耗煤少,这不就是实实在在的低碳生产、低碳发展吗？上大压小的政策确实科学有理。

范海涛何尝不知,电厂是老一代挑战命运、艰苦创业的见证和硕果,是一座记载着几千人自力更生、奋力拼搏精神的丰碑,也是上千人全家所依靠的主要甚至是唯一的经济来源!

当年为了建成电厂,乡党委老书记赵启忠住进了工地四处透风漏雨、蚊蝇乱飞的工棚里。自己的老父亲范清荣摔断了 3 根肋骨,仍然在工地上坚守了 5 天。多少大姑娘、小伙子推迟了婚期,多少青壮年白天连着黑夜拼命地干。

20 年间,为了筹措电厂建设资金,老父亲范清荣曾经一个星期跑了 7 次郑州,天一亮就站在银行的大门口等着有关领导和经办人员;老母亲顾族荣站在村中戏台上宣讲建设电厂的意义和前景,五元十元地借了近千家的钱;姐姐范海燕骑着摩托车风里来雨里去,硬是感动了 85 位同事和同学给予了支援;全乡多少老人把仅有的几十元几百元的养老钱,多少孩子把一元两元的压岁钱拿了出来。

再说范海涛自己，建设7号、8号机组时，他不分白天黑夜吃住在工地上，累得脉管炎发作，腿脚肿得发亮，一按一个深坑，睡觉时脱不下裤子和鞋袜。再说这两台机组刚经过磨合期，正是创造直接效益的最佳时期。

孟电集团能有今天，凝结着上至领导、下至全市百姓的多少心血啊，难道就这样说爆就爆了吗？

此时的范海涛更清楚，对各级领导和广大民众关心厚爱的最好回报，不是因循守旧裹足不前，而是响应国家的号召，给孟电集团插上节能减排、展翅高飞的两翼，使它飞得更高、飞得更快、飞得更远。

优秀的企业领导者，总是善于把先进的理念和发展的战略及时有效地传达给管理团队与每一个员工，使之形成共识，转化成万众一心的动力。

范海涛懂得这个道理，多年来也是这么做的。但是，如今要在全国率先一台不剩地爆破拆除全部机组，毁掉20年创下的10多亿元资产，还要保障1000多员工有活干、有饭吃，甚至举债近30亿元，这些都还是可以把握的，最大的风险是：大机组建设项目万一不被批准怎么办？

怎么与团体沟通呢？大家能同意吗？愁云再次飘上了范海涛的额头。

知儿莫如母。

早在一个多月前的饭桌上，老母亲顾族荣就看出了范海涛的异常。这位饱经风霜的慈母了解她的儿子：内敛、沉稳、敢于担当。她需要给予范海涛时间，让他做出正确的决断。一天晚饭后，顾族荣说话了："海涛，娘看出来了你有心事，按规矩我不问你的工作。有啥想不开有啥难事，去和老市长赵启忠、和你爸说说。他们风风雨雨几十年都过来了，别一个人憋在心里。"

是呀，这两位老前辈入党都50多年了，党龄比范海涛的年龄都长，并且长期担任领导职务，又都是孟电集团的创始人，无论是政治觉悟、道德品质，还是能力经验、工作业绩，在全市都是有目共睹、公认无疑的。取得他们的理解和支持,还有什么困难不能解决呢?

第二天上午,范海涛登门把中央的政策和自己的想法向两位前辈做了详细汇报。两位老前辈听后虽然一言未发,但范海涛知道,国家政策和孟电集团的前途命运在他们心中的地位与分量。范海涛告辞了。

仅仅过了一天一夜,两位老前辈来到了范海涛的办公室。范清荣说:“海涛,按你的想法,干吧!”赵启忠说:“咱辉县的规矩是:‘说了就要算,定了就要干,天大的困难也不变!’你再想想还有哪些问题。”

一种崇高的敬意在范海涛的心底升起,一股汹涌的热流在范海涛的周身奔腾。

经过广泛的谈心谈话和沟通交流,领导班子的思想统一了,全体党员的认识提高了,决定孟电集团前途命运的集体研究决策的时机成熟了。

不到一个星期,孟电集团的党委会、股东会、董事会分别做出决议:主动请缨,坚决以实际行动拥护国务院上大压小、节能减排的决定,二次创业,再创辉煌!

这绝不是简单的退一步进两步的权宜之计,而是一次生死的抉择,决定着孟电集团能否通过国家的大考,进而实现新的飞跃。

不说不行的理由,要想可行的办法。

为了加快二次创业的步伐,抢占时机,确保得到国家产业政策的支持,范海涛主持的孟电集团党委会、董事会和总经理办公会不分昼夜,密集地联席召开。大家畅所欲言,摆出一个一个问题,集思广益,研究一条一条措施。

孟电集团的员工来自辉县市22个乡镇和周边县市,仅残疾人就有100多名。老职工王振中一家三口全在电厂,家中上有老弱病人,下有求学孩子,一旦失去岗位,他的日子怎么过?类似的情况不在少数。拆除8台机组,将有1060名员工失去岗位,如何保证他们的生活不受影响?

孟电车间一角

依托孟电集团优惠电价生产生活的企业和民众近两千家，如何保证他们的生产生活一如既往？

30万千瓦的大发电机组是以计算机控制为主的全流程自动化生产，所需要的这些专业技术人员从哪里来？

建设2台大机组需要26.7亿元，这近乎天文数字的资金如何解决？

新上2台大发电机组的项目，仅需要提交的文件资料就有48项之多，万一不被批准怎么办？

……

十多次的党政联席会时而热烈，时而沉闷。范海涛知道，只有把问题摆得更全、议得更深，才能够提前扫清前进的障碍，才能够充分调动起大家的积极性，形成勠力同心、背水一战的决心、信心与勇气，进而获取绝地逢生的可能。

众人拾柴火焰高。

经过夜以继日的反复讨论，大家进一步形成共识：员工为企业做出了历史的贡献,在困难面前不能忘记他们,更不能抛弃他们,要有与广大员工携手并肩、共挑重担的决心与能力。最终决定抽调100人送院校学习培训,360人分流到水泥厂,其余600人全部参加项目的施工建设。所有问题和对策,责任到人,同时推进。

2007年10月2日,孟电集团召开电厂全体职工大会,范清荣代表孟电集团宣布:从现在起,咱们要爆破拆除电厂8台小机组,上大机组。话刚出口,他就泪流满面,全场2000多名员工顿时哭声一片。

随后,范海涛代表孟电集团党政联席会,态度庄重、语气坚定地承诺:大机组建设期间,工人不下岗,工资照样拿;所占农民土地费用,依照规定标准就高不就低地补偿;周围企业、群众原使用低价电和蒸汽的所有损失,由孟电集团全部承担。他信心百倍地宣布:如果能够按期拿到国家批准建设的文件,有孟电集团党委在,有3000多名员工队伍在,凭着我们特别能奉献、特别能战斗的作风,一定能够按时投产,每年上缴税金稳定超亿元,实现孟电集团的二次创业,再铸新的辉煌!

会场响起经久不息的雷鸣般的掌声,许多人的眼里闪动着激动的泪光,不仅仅是因为饭碗保住了,更是因为他们看到了孟电集团美好的明天!

克服困难 成功爆破

孟电集团像一部开足马力的机器,高速运转起来了。赵启忠、范清荣等一大批老领导、老功臣老当益壮,北上南下、东奔西跑,办理有关手续;范海涛和各有关人员按照分工,开展各项工作。

根据国务院规定,上大的前提是压小,必须是在小火电机组拆除之后。于是,确保早日拆除8台机组成为当务之急。

爆破拆除小火电机组虽然损失巨大,决心难下,但在全国同行业中具有同范海涛一样远见卓识的企业家也并非无人。河南省管内就有另外一家火电企业与孟电集团同时进行了申报,并且都被预定为示范单位。

机不可失,时不我待。

为了能够成为全国民营火电企业第一个拆除小机组的领头羊,孟电集团不惜代价,与省内一家具有爆破拆除资质的公司签订了合同,约定提前进场,并预付了资金。

孟电集团雷厉风行、踏踏实实的行动,得到了国家发改委的认可,决定全国完成关停1000万千瓦小火电机组仪式的主会场设在孟电集团,中央电视台届时将对爆破拆除现场情况向国内外进行直播。为了确保仪式如期举行,同时选定另一家火电企业作为备用会场。

智者千虑,难免一失。由于发电、爆破是两个不搭边的专业,范海涛做梦也想不到的事情突然间发生了。

时间进入了倒计时,距离仪式举行只有36个小时了。河南省政府指派省公安厅三处处长、闻名全国的爆破专家王百姓到场检查指导安全工作。检查的结果出乎每一个人的意料:炮眼缺少12000多个,不能满足国家发改委关于所有冷却塔必须同时倒地的技术要求。潜台词就是说做不到这一点,就只能是象征性的拆除,起不到全国性、实质性的示范作用。

王百姓处长的一句话像一颗重磅炸弹,震惊了在场的每一个人。范海涛的脑海里立刻一片空白,半晌回不过神来。

象征性的拆除,这不是忽悠人吗?咱辉县和孟电集团啥时候干过这样的事?

范海涛豁出去了。他带着哭腔说:“王处长,我在公安上工作时就认识您,我40岁转行特别不容易,您一定要帮帮孟电、帮帮我呀!”

王百姓难过地说:“海涛,不是我不帮你,确实没有时间了呀。”

范海涛认真地说:“你负责全省的民爆管理,各爆破公司都听你的。工程费用我出紧急施工的价位,咱可得为国家争光、为河南省争气呀!”这句话的直接代价是,仅爆破费用就由原来的130万元上升到560余万元。

望着范海涛真诚的目光,王百姓激动地抓起电话,立即同6家民爆公司的主要领导直接通话,希望他们顾全大局,尽可能地支持孟电集团。

省公安厅、新乡市公安局、辉县市公安局和孟电集团当即在工地上成立爆破工程指挥部,实行现场办公,并召开紧急会议,6个爆破点由孟电集团领导班子成员一人负责一个,务必保证在爆破公司到场之前搭好7米多高、30多米长的作业脚手架,使爆破公司到场就能施工。

夜幕降临了,整个工地一片沸腾。远在石家庄、南阳等地的爆破公司中止施工,以最高限速赶到现场,没顾上吃饭喝水就展开了紧张的施工,最远的公司赶到时已经深夜2点钟了。每个爆破公司赶到时,王百姓和范海涛都要亲自迎接,介绍情况,随后每半个小时巡检一次施工质量。

时针指向了凌晨4点半,终于完成了全部12000个炮眼的钻凿、装药、电路连接和最后的安全与技术检查。5点清场完毕,担任警戒的公安干警全部就位。

东方露出了鱼肚白,激战后的工地一片寂静。此时距离仪式的举办只有3个来小时了。施工人员全部撤离后,范海涛拖着沉重的双腿,再次巡查工地和每一个警戒点,他一定要做到万无一失,让孟电集团带头响应国家号召的壮举,伴随着如期响起的隆隆炮声和无线电波,传遍世界的角落。

2007年10月26日,是范海涛和孟电集团3000名员工终生难忘的日子。

这一天,孟电集团作为全国第一家爆破拆除小火电机组的民营企业,将实施集中爆破,一举拆除全部的8台机组。许多员工不约而同地提前来到机组前,默默无声地转了一圈又一圈,相互拍照留念。

在此之前,全国拆除小火电机组的任务全部由国家五大电力集团承

全国小火电爆破拆除主会场

担。为了推动全国民营小火电企业上大压小、节能减排工作的进程，国家发改委特意把“河南新乡孟庄电厂等110万千瓦小火电机组爆破拆除暨全国完成关停1000万千瓦小火电机组仪式”主会场设在孟电集团，国家发展和改革委员会能源局局长赵小平、河南省副省长张大卫专程到场主持仪式，中央电视台向国内外进行现场直播。

随着倒计时数秒的结束，上午10点整，总指挥一声令下，沉闷的爆破声骤然响起，只见百米多高的6座冷却塔伟岸的身躯轻轻抖动了一下，随即一起扑倒在地。瞬间，巨大的烟雾云团冲天而起，爆破碎片飞落在安全隔离区内，掌声、哭声、欢呼声响成一片……

爆破成功了，国内外亿万电视观众同时见证了这个庄严的历史时刻。

国家发展和改革委员会能源局局长赵小平现场接受中央电视台记者采访说：“全国爆破拆除小火电，孟电人觉悟最高，损失最大，配合最好，具有很大的影响和示范作用。没有家国情怀和社会责任感，做不到！”

功夫不负有心人

范清荣有句名言:“创大业作大难,创小业作小难,不创业穷作难。”这话实实在在,一点儿不假,孟电集团建设大机组,再次验证了这句话。

如果说爆破拆除小火电机组是旋涡行船、弯道超车、巅峰跨越的壮举,没有理想、没有胆魄的人根本不敢想,而且是更不敢去做的事,那么,这只是孟电集团二次创业迈出了第一步。二次创业能否成功,最大的风险在于大机组项目能否获得国家批准。

辉县市、新乡市、河南省三级政府和国家发改委虽然支持孟电集团上大,但相应的工作绝对容不得情感。48 件系列申报文件,就是横亘在申报路上的 48 座高山。

为了确保申报符合国家政策,范海涛亲自组织大家反复学习国务院《关于加强节能工作的决定》(国发〔2006〕28 号)、《关于落实科学发展观加强环境保护的决定》(国发〔2005〕39 号)、《关于发布实施〈促进产业结构调整暂行规定〉的决定》(国发〔2005〕40 号)和《产业结构调整指导目录(2005 年本)》、《批转发改委、能源办关于加快关停小火电机组若干意见的通知》(国发〔2007〕2 号)等系列政策文件,逐条逐句理出政策和技术要求,然后一一提报出相应措施和资料。

不承想,意外的事情再次发生了。为了保证南水北调的饮用水安全,国家公布了新的规定,干渠两岸 500 米内原则上禁止新建企业,而干渠恰恰在孟电集团附近穿过,而征地另建又被上大压小政策所禁止。

两个禁止,犹如前进道路上同时亮起的两盏禁行红灯,刺得范海涛眼前一片迷茫:孟电集团果真要败落在我的手上吗?一天一夜,范海涛茶水未进,脑子里全是“禁止”二字。

范海涛在全国小火电爆破拆除主会场发言

天就要亮了，还在办公室里踱来踱去的范海涛嘴里念叨着“禁止、禁止，原则上禁止……”他忽然眼前一亮：原则上禁止！这不是还有红灯变绿灯的机遇吗？

范海涛呀范海涛，你咋遇事老是往绝路上想啊？他一边责备着自己，一边抖起精神来。他终于想明白了，“原则上禁止”的本意，是要保护水质安全，要求环保达标！况且孟电集团不是新建，而是响应国家号召改建。他赶紧找有关人员开会商量。

火电机组对环境的污染主要是废气、废水和粉尘，那就来个对症下药。

废气治理——大机组耗煤少，二氧化碳排放量大幅降低，且对饮用水无影响；上一流脱硫设备，保证每立方米大气含量少于 100 毫克；尽管国家没有脱硝的要求，但要未雨绸缪，真想真干，不玩虚的，不做半点亏心事，脱硝设备同步上；把原设计 200 米的烟囱加高到 240 米。

废水和粉尘治理——改水膜除尘为电袋除尘，既节约了生产用水，又避免了废水污染，而且回收的粉尘又可以成为干法水泥生产原料。

三项治理，花费近亿元。国家环保部环境司司长亲临现场查看。孟电集团低于干渠 9.4 米，即使有废水泄漏，也不会影响干渠水质，更何况孟电集团几乎没有污水；脱硫脱硝设备性能优于国家标准一倍；电袋除尘可以使粉尘排放降低到 36 毫克；240 米的烟囱在无风的天气下，可以使允许的飘浮物散落在 5 千米以外。

国家环保部、国家南水北调办公室联合行文上报给全国人大，绿灯亮了。

范海涛至今不会忘记，接到通知到北京汇报的日子恰好与儿子结婚的日子重叠，他出门赴京，亲家和儿媳、亲友进门，两家人只好站在院子里说上几句。

范海涛还不会忘记,为了贷款,他亲自跑了新乡、焦作、郑州的几十家银行和企业,一些原本熟悉的金融机构和企业负责人,有的借口出差开会躲着不见,有的长吁短叹表示无能为力。范海涛理解他们,20多亿元毕竟不是小数。

申报项目、筹措资金期间,范海涛最渴望又最害怕电话铃声的响起,他希望听到的是各路人马报捷的喜讯,又担忧反馈的是环节关口受阻的信息。8个月里,范海涛度日如年,白发爬上了头顶,体重减少了25斤。其中的艰辛,不是肩扛其责、身临其境的人,根本不可能想象得到。

功夫不负苦心人。

——2007年11月22日,国家发展和改革委员会办公厅发出《关于同意河南省大唐林州和新乡辉县热电联产工程开展前期工作的复函》。

——2008年8月5日,国家环境保护部下达《关于河南孟电集团热力有限公司2×30万千瓦(上大压小)热电项目环境影响报告书的批复》。

——2008年9月28日,国家发展和改革委员会下达《关于河南新乡辉县上大压小热电联产工程项目核准的批复》。

至此,孟电集团完成了系列支撑性文件的审批。

2008年10月18日,范海涛和孟电集团职工急切盼望的2×30万千瓦热电机组建设,终于拉开了开工的大幕。开工典礼主席台的背景墙上,是辽阔的蓝天、如玉的白云下即将成为现实的发电厂的壮美场景。台前特意摆放了几株百年生长的油绿铁树,预示着孟电集团的基业常青。

2009年2月,全省第一家投资8000万元建设的脱硫脱硝设备安装成功,是国家标准污染物排放量的1/2,达到国际先进水平,使得孟电集团至少在大机组设计寿命周期的几十年里无须再考虑投资新的设备。这项决策早于国家的强制性规定,用范海涛的话说:企业是否重视环境保护,不仅仅是对企业是否具备社会公德的检验，而且是对企业是否具有生存发展生命力的检验。

2010 年 1 月 27 日 16 时，激动人心的时刻到来了，1 号机组点火。在场的每一个人屏息静气，一起盯着液晶屏上显示汽轮机转速变化的数字。随着钟表秒针悄无声息的滑动，屏幕上的数字越来越快地跳动起来。16 时 40 分时，当人们急切盼望的数字 3000 跳出时，全场顿时响起热烈的掌声。3000 转——预示着大机组安装调试成功了。有的人激动地流下了眼泪，有的人冲向室外传报成功的喜讯。当晚 23 时 58 分，河南省电力调度中心发出指令，机组一次并网发电成功，强大的电流瞬间汇入了国家电网，奔向了全省各地。

2012 年 3 月 5 日，第二台 30 万千瓦发电机组在安全运行 168 个小时后并网发电。

如今的孟电集团热力公司，已然实现了清洁生产，即使在 2 台机组满负荷生产时，也听不到轰鸣的噪声，看不到一缕的烟雾，闻不到异常的气味。厂区内绿树成荫，鲜花争放，清风吹拂，鸟儿歌唱，漫步其间，犹如置身于一个美丽的大花园。

孟电集团在创造财富与节约资源、保护环境一体化的伟大实践中，再次挺立于潮头，庄严兑现了造福当代、无愧子孙的诺言。

第七章

美丽乡村：南李庄走向幸福时代

不要感谢我，要感谢就应该感谢国家、感谢党。回报社会，造福乡邻，建设家乡是每个企业家应尽的责任。我做的一切，都是为了咱南李庄人过上更好的生活！

——范海涛

范海涛的故乡南李庄村，位于辉县市南环路，与城区只有一路之隔，属于典型的城乡接合部。在范海涛的记忆里，这里始终是一个地地道道的农村社会、完完全全的农业经济、朴朴实实的农民家园，一派古朴清贫的田园牧歌风光。

长期以来，村民们大部分都依靠务农种菜和外出打工为生，主要种植白菜、萝卜、黄瓜、大蒜、南瓜等经济作物，其中紫皮蒜是辉县有名的特产。收获的农作物，除了自家使用外，余下的都进城卖掉以贴补家用。

那些年，由于人多地少，再加上农产品价格一直不高，因此南李庄虽然地处优越的地理位置，村民们终日辛苦劳作，却是守着黄金地，过着穷日子。

新上任的村支部书记

范海涛，这个生在南李庄、长在南李庄，地地道道的南李庄汉子，对南李庄的父老乡亲有着特殊的深厚感情。

范海涛的父亲范清荣，从1957年开始在村里担任党支部书记，一干就是18年，把一个经济落后的穷村变成了远近闻名的先进村。20世纪80年代，他又创办了赫赫有名的民营企业——孟电集团，2000年曾获全国劳动模范称号。

20世纪90年代初，范海涛的母亲顾族荣也曾担任村党支部书记，带领村民用3年时间，还清了村里50万元债务，还办起了企业，后来因照顾范海涛生病的姥姥才退下来。

2008年2月，时任河南孟电集团党委书记的范海涛以全票当选了南李庄村党支部书记。

南李庄新社区

父辈的经历，母亲的教诲，培育了范海涛朴素的乐于奉献、勇于担当的精神，也让他更加坚定一定要做好这个村支书的决心：既然群众信任我，选择了我，那我就一定要好好干，不能辜负大家。

俗话说，新官上任三把火。范海涛上任初期，也曾摩拳擦掌，准备一展身手。可是，等深入了解了村里的实际情况，他一下子感到肩上的担子太重太重了！

那时全村有351户，1200多口人，耕地只有320亩，人均不到三分地，辛辛苦苦种上一年粮食、蔬菜也难挣几个钱，大部分村民的生活并不富裕。村里的房子大部分是20世纪六七十年代修建的，没有统一规划，村民散乱居住，私搭乱建现象严重。村内道路横七竖八，很多是断头路、布袋路，唯一的一条出村道路也是坑洼不平、污水横流。晴天扬灰，走过一身土；下雨积水，走过一身泥。村民都苦笑着称这是“水泥路”。由于道路狭窄，村里娶媳妇都得事先跟邻居们打好招呼，因为两辆三轮车迎面都错不开身过不去。

还有吃水问题，也长期困扰着南李庄村民。村里不通自来水，仅有的一口井，还是早在40年前打的，仅深20多米。由于离地表太浅，井水污染严重，水质低劣，入口苦涩难咽，严重影响着村民的身体健康，周边村庄的群众都笑称南李庄人喝的是下水道的水。没有办法，很多村民就蹬着三轮

旧村一景

旧村一景

车,跑到附近的新桥、三里屯等外村去拉水吃。

薄弱的经济基础,艰苦的生活条件,一度让这个曾经先进的小村庄成为附近有名的落后村。就连给村里的小伙子说媒娶媳妇,一听说是南李庄村,很多外村的姑娘都纷纷摇头摆手,表示不愿意去吃苦受罪,村里的光棍儿一度达到了二十几人!

由于没有集体经济,全村的集体年收入仅 3 万元,村干部的工资都发不下来,村里办公费用捉襟见肘。因此,在南李庄当支部书记成了苦差事儿,不愿干支部书记也成了常态。

面对这种情况,范海涛痛下决心,一定要彻底改变南李庄村落后的面貌!

下定决心后,范海涛用了好长时间去挨家走访,以便摸清村里的真实情况,了解村民们的真实想法。

在挨家走访的过程中,范海涛逐渐掌握了村里和村民的详细情况。经过周密的考虑和安排之后,针对村里的落后面貌,他开始了一次又一次的重拳出击。

2008 年,范海涛先后投资 80 多万元,找来专家进行勘测,打出了一口 620 米的深井,并将压力罐、水泵等设施配套齐全。这样,清凌凌的自来水直接架通到 300 多户村民家中,结束了村民世世代代吃苦水的历史。通水那天,全村人都像过年一样喜笑颜开,扬眉吐气:我们南李庄村的生活生产水源再也不是下水道的水了!

2009年,范海涛连连出招:先是投资13万元为村里修路,曾经逢雨天就有水有泥的"水泥路",成了真正的宽阔平坦的水泥路。同时,将村里的布袋路、断头路全部打通,整个村庄的交通变得四通八达,群众出行难问题也随之而解。

旧村一景

看到村民们平时没有什么娱乐活动,为了丰富他们的文化生活,范海涛出资6万余元,在村里建成了健身活动场地。春节期间,他还花钱为村民们请来剧团在村头唱十天大戏,让村民过一把戏瘾,常常乐得老大爷、老大妈合不拢嘴!

到了年底,范海涛又出资8万余元,支持村民参加了养老保险。

……

定要村民住上叠加别墅

在范海涛的努力下,村民的日子发生了很大的变化,但他觉得这还不足以彻底改变南李庄的贫困面貌,因为他的心里还装着更大的一件事情,那就是村民的住房问题。

当时,村里六七成的房子还是土墙瓦房,很多都盖着塑料布,破破烂烂,年久失修,部分住房甚至漏雨、坍塌,成了让人揪心的危房。对此范海涛忧心忡忡:村民们房屋破烂不堪、参差不齐,有的甚至还是危房——安居乐业,不安居何以乐业?!

对此村民们也非常无奈。南李庄多数村民长期以种植蔬菜为生,即便全家人常年一身泥水、一身汗水，辛辛苦苦一年下来收入也就三四千元。除去种子和水肥成本，基本上刚能维持生活，村民们普遍不富裕。而农村盖房都讲究面子，盖得不好不如不盖，而盖得稍微好点造价得 10 万元靠上，不吃不喝也得挣上六七年！谁都想住上好房子，可是仔细掂量一下自己的经济实力，多数村民都选择了放弃。

当时范海涛家的复式别墅在村西头，以前曾是他的骄傲，但当上村支书后，再看看自己住的复式别墅，他感觉十分扎眼："看到乡亲们住'趴趴房'，自家就是住得再好，我也不踏实，心里不安！"

2009 年秋天，有一段时间连绵的细雨总是下个不断。

一天下午，范海涛难得放下手头的工作，陪着父母在家休息。

可是，他似乎总是放不下什么事儿，眉头紧锁，在屋里转来转去，和父母聊天也显得心不在焉。

母亲见他心神不定，就关切地问他："海涛，你咋了？有啥事儿？"

范海涛走到窗户边，望着外面淅淅沥沥的小雨说："这雨下的，怎么没个头啊？咱村里那几处危房我怕有危险啊！"

父亲范清荣了解范海涛的心思，起身从门后拿起一把伞，递到他手里："海涛，你要是不放心，就去看看吧！我心里也挂念着哩。"

范海涛感激地看了看父亲，接过伞，撑开就匆匆地冲进了雨中。

他先是到了村里的一户五保户老人家中。老人已经 70 多岁了，独自一人住在两间破旧的土坯房里。范海涛以前就了解老人的住房情况：房子年久失修，破破烂烂的，晴天漏风，雨天漏雨。

范海涛先是围着房子四周看了看，不禁心揪了起来，土坯墙已经被雨水打湿了半截！

他赶紧走到门口，大声喊道："叔，你在家不？"

屋里传来老人疲惫的声音："谁呀？"

听到回音，范海涛试图走进屋子里和老人说话。可是，眼前的一幕让他伸出去的腿又收了回来：地上摆满了接雨的瓶瓶罐罐，根本就没有落脚的地方！

即使如此，漏下的雨水有的还是滴到了瓶瓶罐罐外面，地上湿漉漉的，有的地方甚至积成了小水坑。

屋子里，弥漫着浓浓的雨水潮湿味。

老人站在床边，正用一块儿破旧的塑料布在盖被子。

看到是范海涛，老人连忙停下来，似乎有点儿难为情地招呼道："海涛，你看，这雨漏的，也没法儿让你进屋坐了！"

范海涛听了这话，心里难受极了。

他极力从瓶瓶罐罐的空隙中找地方走过去，搀着老人的胳膊，动情地说："叔，都怨我这个书记没干好！这房子没法儿住了，您先去俺家住两天吧。您放心，我一定要让您住上不漏雨的大房子！"

2009 年春节，范海涛趁着给村里老人拜年的机会，边了解情况，边做工作，逐渐和村民达成了将南李庄村进行整体改造的共识。

2010 年年初，经过深入调查和审慎思考之后，范海涛有了一个大胆的想法：他要为全村村民免费盖别墅。

之所以做出这个决定，是因为范海涛还有一个考虑。他担任村支书后发现，村里人有一个习惯，自己家的房子在盖的时候总是希望比邻居家的地基高一点，认为这样可以占一个好运势，如果邻居家比自己家的房子地基高了就认为自己家的运势会被压住，于是就要再次翻盖房子，这样的攀比在村里形成了一个恶性循环，很多家庭都把挣的钱用在了盖房子上。再加上村里修水管，铺设电线，建立排水都是一家一户地改造设计，施工难度也很大，于是他就萌生了盖一个统一的居民社区的计划。

这个想法儿一提出，在振奋人心的同时，也让许多人始料不及，难以置信。

村里77岁的退休老师王美也觉得这事儿不可能：盖房子恁容易嘞？那不是一两个钱就能办到的。干一半，没钱了，咋办？

范海涛知道，村民的担心并不是没有道理的，因为附近已经有其他村儿出现了类似的情况：房子掀了一年多，因为资金问题还盖不成，村民们居无定所，叫苦不堪。

范海涛仔细算了下，按预想的统一建新社区，至少需要投资1.6个亿。可村里的账簿上，趴着的数目却是令人哭笑不得的区区3万元钱。

对此，范海涛再三强调，不让村民拿一分钱，建设新社区的全部费用都由他经营的孟电集团来承担。

但是，很多村民不知道，那个时间正是范海涛电厂筹资最困难的时候。

当时，正是孟电集团上2×30万千瓦发电机组的关键时期。这个项目总投资26亿元，企业资金缺口非常大。

面对巨大的压力，范海涛并没有退缩，他下定决心，不仅要干，而且要干好！他一边做老百姓的工作，一边取得几家银行领导的支持，把资金先找到着落。

2010年的一天晚上，范海涛把家人召集在一起，要把自己这个大胆的想法告诉全家人。这个晚上，范海涛一家由两代三任村支书参加的家庭会议在他们家举行。父亲、母亲这两位德高望重的老支书，以及范海涛的哥哥、弟弟、嫂子、弟妹，加上儿孙辈们，大大小小全都如数出席。

父亲范清荣、母亲顾族荣端坐在上座，范海涛坐报告席。

范海涛看看老父亲，再看看老母亲，目光从所有家族成员的脸上扫过，又缓缓地回到父母这里，他说："爸，妈，我决定了，新社区的事儿就启动吧。"

老父亲看看老母亲，老母亲看看老父亲，两个人的目光又都回到范海涛身上。老父亲说："确实该干了，这也是我和你妈的一个长期的心愿，让街坊邻居和咱一样住上像样的房子。乡亲们住不好,光咱自己住着好房子,心里总是不安啊！就是不知道,这节骨眼上,资金……”

“资金确实紧张,但新社区的事儿不能再等了,我们作作难,想想办法吧。”范海涛接过父亲的话头说:“早一天让大家住上好房子,比啥都强!”

最后,家庭会议做出决定:拿出 1.6 亿元为南李庄全体村民建新型社区,让全村 351 户居民都住上和自己家一样的叠加别墅,而且要当年拆迁,当年建设,当年入住。母亲顾族荣还特别交代范海涛:乡亲们有在自己家里过年的习俗,你一定要赶在春节前让大伙儿搬回新居,在新社区里欢欢乐乐过年!

做出这个决定之后,范家最小的孩子从远处摇摇晃晃地向范海涛跑过来,一边跑,一边用童稚的声音发问:“爷爷,爷爷,为什么用咱家的钱给别人盖新房?”

范海涛一时语塞,回答不上来。这个问题,也是后来很多人的疑问,他被问到过无数次。

我到底图个啥？范海涛也一遍遍问自己。他的回答似乎有点儿答非所问:我是个民营企业家,但我首先是个人,是个知恩图报的人,同时还是

和谐秀美南李庄

个有良心的基层共产党员！

家庭会议通过后，在范海涛的积极部署下，南李庄新社区的建设工作开始紧锣密鼓地推进。

3 月 18 日，南李庄村隆重举行了新社区建设奠基仪式。

4 月 1 日，范海涛和村两委召开全村村民大会。拿着话筒，范海涛有点儿紧张和激动，他对乡亲们说道："咱们南李庄有 351 户人家，条件不一，住房凌乱。现在要统一规划建新社区。新社区的房子啥样子？就按我家现在住的样子盖，我的房子什么样，你们将来的房子就是什么样。每家每户都一模一样，只要是咱南李庄人，没有贵贱，没有差别，半年以后，大家都可以住上两层叠加别墅，孟电集团出资，不收村民一分钱。但我只有一个请求，希望大家早点搬迁，抓紧腾房，越快越好，早动工，早建成，早入住。"

范海涛的话在村民中掀起了巨浪。他们有的欣喜若狂，有的不敢相信，有的半信半疑……

谁也不敢相信啊，哪有这么好的事，给我们免费盖别墅?！刘凤英当时和很多村民一样，都被范海涛的话给吓住了。

唧唧喳喳、窃窃私语中，一个声音高喊道："范书记，扒了房子，我们住哪里啊?"

范海涛笑了，他挥挥手，示意大家安静下来："早知道你们会问这个。投亲靠友，出外租房都行。我们给每一家每月提供 300 元租金，一次性付给 6 个月。开完会就可以去领，每户 1800 元。"

这一席话打消了村民的顾虑，大家喜笑颜开，甭提多高兴了。会场上喧腾到了极点。掌声、笑声、欢闹声，把南李庄的这一天装饰成了一幅节日画卷。

看到这一幕，范海涛紧张的心也轻松了一些：我本来心里没有多大把握的，害怕村民们不同意，没想到大家这么支持。

但让范海涛万万没有想到的是，他的这一举动，却引起外界的质疑。有人怀疑他是要用拆迁节约出来的70亩土地，搞房地产开发，从中大赚一笔。一个晚上，他收到一个陌生手机号发来的短信：你借着新农村建设，为达到自己的目的，强占我们的房产、土地、责任田，渔翁得利，愚弄百姓，群众心里极为不满……

看到这条句句带刺的短信，范海涛感到委屈极了。

他夜不能寐，半夜起来站在阳台上，看着窗外无尽的黑夜，一遍遍地考虑着这个问题。

全心全意为老百姓考虑，到底是为了什么？个别群众对新社区建设不理解，这也很正常，只能怪自己没有提前做好宣传工作。事实胜于雄辩，等新村建好了，一切谣言便会不攻自破。咱们当领导的，心胸就得比一般人大，要能容别人不能容的人，要能容别人不能容的事，开阔自己的胸襟，抱着吃亏的态度，不跟个别人计较，这样才能当好领导，才能干好工作。想到这儿，范海涛的心情重新平静了下来。

对此，也有人劝范海涛说不要做了，投入大量人力物力财力给村民办好事，还要冒着名誉受损的风险，这种出力不落好的事情，到底图个啥？

范海涛摇摇头，坚定地说：要继续干，就是要让村民们看看我们党员在干啥。

他很快请来了北京设计院的专家，拿出了新社区的规划图。

大家伙儿看着规划图，仿佛看到了未来的家园，乐个不够。但这时，却有几个村民来找范海涛。到了范海涛面前，却又你推推我，我推推你，谁也不肯先开口说话。

范海涛看出了他们的窘态，知道他们肯定有事儿，就笑着说："有啥事儿就直说吧，都乡里乡亲的，不用这么推推搡搡的不好意思！"

其间年龄最大的一个老人说话了："海涛，你考虑得这么周全，大家伙

老书记范清荣在南李庄工地现场开会

儿都不好意思再张口提要求了，但俺们都在想，是不是能有个地下室，放放杂物、农具什么的，咱农村人少不了这个，哪怕 10 平方米也行！"话没说完，老人的脸先红了。

范海涛一听，觉得有道理，村民长期的生产、生活习惯不能改。于是，他马上叫来了设计人员，修改了图纸，并测算造价，当即拍板：为每户增加 60 平方米地下室，还考虑到了新农村建设的百年大计，建设过程中，高标准设计施工，每户建有 34 根防震柱，圈梁、防震柱一次浇筑成功。

得知这个好消息，广大村民奔走相告。他们的感激之情难以言表，只能以自己的实际行动来支持新社区建设。

南李庄村的拆迁前所未有地顺利。从 4 月 1 日动员算起，整村拆迁仅用了 5 天时间。

4 月 18 日，在一阵清脆的鞭炮声中，南李庄新型农村社区正式破土动工。范海涛亲自挂帅，组织了 15 个工程队进驻工地。除辉县当地的建筑工人以外，卫辉、获嘉等地的建筑工人也被高薪聘请来昼夜加班。最高峰的时候,工地上有25个工程队共4000多人,整个建设场面如火如荼,蔚为壮观。

新社区建设开始了,范海涛也更加辛苦了。他每天起早贪黑,在孟电和村里两头跑。特别是新社区建设这一块儿,他格外地操心,事无巨细,都要一一过问。不仅要解决建设过程中的资金问题,还有现场的设计、规划、建筑公司的协调,甚至具体到运沙、石子等,他都要亲自去城管、交警部门协调,确保万无一失。

繁多的事务,让范海涛疲惫不堪,他累得患了严重的感冒。为了节约时间,刚开始时他坚持着不肯去输液,只是吃些药硬扛着。感冒越拖越重,可他还是坚持着在工地上指挥工作。身边的工作人员看他面色蜡黄,咳嗽得直不起腰来,实在看不下去,硬拉着把他送到了医院。

到了医院,医生检查过后给他输上液,再三嘱咐他要多休息几天。

范海涛躺在病床上,心急如焚,工地上有那么多的事情,他哪有心思和时间在这儿休息呀?!

输液结束后,他不顾医护人员的劝阻,马上又赶回了工地工作。

由于得不到休息,他的感冒一直好不了。万般无奈,他选择白天工作,晚上去医院输液。输液输到最后,他的手背上密密麻麻布满了针眼。扎针的护士开玩笑说像是马蜂窝,实在是找不到可以再扎针的地方了。

没有办法,范海涛只有伸出腿:那就在脚上扎吧。

周围人都劝他多休息。范海涛摇摇头,说道:“工地上的事儿一天都不敢耽搁,我哪能休息呀?我让群众扒了房子,搬了出来。如果不早点儿盖好房子,让群众搬回来,我咋能对得起大家伙儿啊?”

感冒稍好一点儿,范海涛就戴着草帽,又不分昼夜在工地上指挥。他顾不上吃饭,渴了,就随口喝一碗凉水,饿了,就啃几口干烧饼,眼见着他一天天黑瘦下来。

村民连印山90多岁的老母亲拉着范海涛的手,心疼地说:“孩子啊,你是咱村的顶梁柱,可别整天光顾着忙,千万要注意身体,咱全村人都指望着你呢!”

范海涛听了这话心里一酸,眼泪差点儿没掉下来。他拉着老人的手,说:“有您这句话,我知足了! 您放心吧,我没事儿,我身体结实着呢!”

看到范海涛每天像陀螺般地连轴转,年迈的父母也坐不住了,他们也行动起来,分担他肩上的压力。年近八旬的老父亲范清荣每天都坚持在小区现场指挥,他说:我虽干不动了,但坐在这儿,对工程进度、工程质量也有好处! 母亲顾族荣也是不停地在工地上忙活,生怕哪里出一点差错。

那年的夏季似乎格外地炎热,骄阳似火,整个工地上像个大烤炉,工人们都不愿意上工干活,工程速度眼见着慢了下来。范海涛见了心里不由得暗暗着急:要是按这速度,让乡亲们春节在新房里过年,可就有难度了。

那天,范海涛在工地上忙了一天,拖着疲惫的身子回到了家里。

一家人围在一起吃饭时,老父亲见范海涛愁眉紧锁,就关切地问他发生了什么事。

范海涛没有隐瞒,把工程速度慢下来的事情一五一十向父亲做了汇报。

范清荣听了,神情也凝重起来:“这是个大事儿,咱爷儿俩得好好合计合计。”

爷儿俩顾不上吃饭,就坐在餐桌旁商量起来。很快,爷儿俩就达成了一致意见。

第二天一大早,范海涛就在工地上宣布:为了奖励先进,从今天起,要按期对工程进度进行考评,工程慢的施工队要敲锣打鼓给工程快的工程队送西瓜!

各个工程队一听,急了,送西瓜事小,敲锣打鼓公开认输事关面子,咱丢不起人啊!

范海涛在南李庄工地上

于是,范海涛话音刚落,各工程队二话不说,马上就加班加点,热火朝天地干了起来。

以后,不需要范海涛在后面再三督促,各工程队都是你追我赶,互不相让。

很快,一栋栋别墅拔地而起。范海涛终于长出一口气,心里的一块石头才落了地。

就这样,经过七个月的努力,11 月 2 日,58 栋楼房全部建成。整个社区

南李庄新社区大门

均是一栋栋的小楼，一栋小楼住 4 户人家，每户都是两层一体 270 平方米~290 平方米的复式设计，还配有 60 平方米的地下室，统一装修，屋顶挂着吊灯，地面铺着瓷砖，天然气、暖气双气入户……

社区休闲广场、公共绿地、垃圾处理站、公共停车场等配套设施齐全。给排水、强弱电、暖气、天然气、有线电视、宽带入网等现代化设施一应俱全。卫生室、活动中心、幼儿园等一体化服务齐全。社区周边已基本形成了商超、娱乐、购物、休闲等便利的生活环境。社区新村仅占地 150 亩，比旧村节约土地 70 亩，统筹规划为住宅区、办公区和商贸区三个功能分区。

看到比想象中还要漂亮的花园别墅，群众心里乐开了花。那段时间，56 岁的村民王生存高兴得天天睡不着觉："这些天，我一直感觉自己在做梦，天底下竟然还有这样的美事！俺家原来五间破旧瓦房换成了一套新别墅，俺就是干一辈子也盖不起这样豪华气派的住房，而且新房里生活所用的东西全都安装齐备，啥都不用俺操心，这多亏了海涛啊，让俺一下就过上城里有钱人一样的生活！"

一切安排就绪了，范海涛和村民们商量后，决定 12 月 1 日集体入住。10 多万平方米的村民住宅新区，从动工到回迁仅用 8 个月的时间。

集体搬家那天，南李庄村前所未有地热闹和高兴，三里五庄的亲戚朋友都来帮忙和看热闹。

以前来南李庄串亲戚不愿意多坐，甚至断了来往的亲戚都来了。看到这样式别致、装修豪华的叠加别墅，很多亲戚都吃惊地瞪大了眼睛，羡慕之情溢于言表。有的亲戚甚至埋怨起来：我咋不早点儿把俺妞嫁到您村儿来?!

面对亲戚的羡慕，南李庄人自己也忍不住地高兴、骄傲和满足！

"天然气、暖气、有线电视，啥都有，一进屋，俺当家的高兴地唱起了豫剧，"刘凤英说，"好多人都不相信这是真的。我们住的房子，市场价都得 70 多万元，光靠种地想买这样的房子，全家不吃不喝也得 20 年"。

12月18日上午，南李庄新社区落成仪式隆重举行，新乡市、辉县市有关领导及有关部门负责人赶来参加仪式，给乡亲们贺喜。

仪式上，时任辉县市委书记崔学勇向回迁入住社区的村民代表段继富发放钥匙时，村民们把巴掌都拍红了。村民刘长青走上台，激动地说："我代表乡亲们说几句心里话，不拿钱能住上这么好的房，是我们做梦都想不到的好事。今天在大义大爱、回报乡亲的范清荣、范海涛这两位书记的共同努力下，变成了现实。全村人感谢他们，感谢党和政府对农民的关心和厚爱……"

村民郑金宝笑得合不拢嘴，他说："俺家原先只有三间房，分到这套200多平方米的复式楼，外加60平方米的地下室，我一直觉得跟做梦似的。这要按市场价，少说也得七八十万块钱！俺媳妇说，你好好享受吧，咱村家家都住的是这么大的房！"

村民王美是个要强的人，曾经两次翻盖房子。他说："咱农村人盖个房可真不容易，不说钱花多少，累得你脱层皮！这新房宽敞、结实，上下两层

南李庄新社区落成仪式

五间卧室，还有客厅、厨房、卫生间，村里统一给装修好，还装上了电话、电视、宽带、暖气、天然气。住进来，连俺孙子都不用再盖房了！”

乔迁新居是一桩喜事，村民郑玉林特意选在社区落成迎娶儿媳妇，喜上加喜。儿子成亲那天他请人撰写一副对联贴在家门口，上联是，进社区住别墅兴高采烈；下联是，感范公报梓里共享成果。郑玉林坚持把范海涛拉到家里来喝喜酒。范海涛来了指着那副对联说：“玉林啊，不要感谢我，不要感谢我们范家。咱是共产党员，咱所做的一切，就图为党增光添彩。要感谢，就感谢党，大家都说‘共产党好’，就是我最大的满足。”

用对联形式感恩范海涛的不止郑玉林一家，75 岁高龄的王美老人是个教书先生，不花自己一分钱住上小洋楼，他备感激动。他说：过去，农民一辈儿盖三次房，盖一次撸一层皮；现在，农民不用花钱住洋楼儿，一住管四辈儿。

搬新家那天，王美老人亲手写了两副对联挂在门口。一副是，弃旧舍一辈儿盖三回，进社区四辈儿住新房。另一副是，进社区走上安康路，安新家扎下幸福根。

为了感恩范海涛，王美老人把村民最想说的话概括成 16 个字，挂在自己的客厅，作为留给子孙的家训。

这 16 个字是：酬情，吃水不忘挖井人；住楼，感谢范书记。

群众从此称范海涛为干粮支书，因为他一不领村里的工资，二不要村里的房子，三不分享村民的一切福利，他只拥有为村民办实事谋幸福的权利。村民几乎异口同声地说：从范海涛身上，我们真正感受到了党的政策好，党的基层干部好！这样的农村支书好！

至此，全村 351 户 1200 名群众已全部回迁入住新社区，在新房中欢欢乐乐地度过新春。拆迁用时之短、建设速度之快，创全国之最，实现了当年拆迁、当年建成、当年入住的目标。

这个昔日祖祖辈辈面朝黄土背朝天的村庄，如今家家户户都住上了花园别墅,过上了让城市人羡慕的生活。现在南李庄村成为河南新型城镇化建设的一道风景,来参观学习的人很多。

南李庄村民客厅一景

村民王金珠说过一句话:“美丽乡村是我家,农村不比城里差。”这句话充满了自豪感,也是南李庄村民的共同心声。

南李庄村民客厅一景

村民连波说,有了复式楼后,他最大的感受是:过去,村里有的人到了33岁还找不到媳妇;如今,村里的人33岁都不愁找媳妇。更有意思的是,现在南李庄村的小伙子娶媳妇,彩礼都比别的地方少,乡邻们都以成为南李庄村民为骄傲。

面对焕然一新的生活,村民们的感激之情难以言表。全村男女老少有的要给范海涛立碑,有的要给他唱戏,但这一切都被他婉言谢绝了。范海涛说:“不要感谢我,要感谢就应该感谢国家、感谢党。回报社会,造福乡邻,建设家乡是每个企业家应尽的责任。我做的一切,都是为了咱南李庄人过上更好的生活!”

俗话说,环境造人。搬进新居后的村民,也像变了个人似的。

村民素质提高了,社区广场卫生每天都有人打扫,广大群众都养成了自觉保持卫生的良好习惯,村里矛盾少了,整个社区居民和睦和谐;文化活动多了,呈现出积极向上的好风尚。

崔树军,曾经在北京给人开了近十年的车。新社区建好后,他回到南李庄做酒水生意。谈起村里的变化,他说:“过去村里脏乱差,心里憋屈,邻里之间经常闹矛盾。现在住得宽敞,环境也好,心里敞亮了,矛盾也少了。”这不,过国庆节时,他专门买了380面国旗,每家一面。有人问他为啥这样做,老崔的回答很简单:“咱不能像范书记那样给村里做大事,就给村里做点力所能及的小事。”

像这样的事情,南李庄社区还有很多很多……

就业梦梦想成真

村民的住房问题解决后,范海涛又开始操心村民的就业问题:新社区建成了,土地流转了,农民变成“市民”了,不能再靠种地、打零工,还得让大家有工作,有收入,文化生活相应地提高,这样才能让他们过上富裕、和谐、有尊严的好日子。

新社区建立之初,范海涛就宣布了决定:靠近马路建起的门面房留作村集体财产对外出租,每年200多万元租金归村集体所有。

2011年7月份,在全市干部创先争优农民增收致富动员会上,范海涛再次做出承诺:追加资金3000万元,为南李庄建设服务中心、家居建材城,促进南李庄村民增收致富。

家居建材城的建设,得到了社会各界的欢迎和支持。合作方负责人说:范海涛跟我讲条件,不是为一己私利,而是在为老百姓争利益,我愿意做出最大的让步。

就这样,时隔不到一年时间,2012年5月16日,利用新型农村社区建设节约的70亩土地建成的建材市场孟电·亨泰家居建材城正式营业,一期场馆近3万平方米。建材市场的建成运营,每年为村集体增加收入300多万元,可安排500多个就业岗位。

面对巨大的经济效益，范海涛不为所动，依然和从前一样，将市场的租金收入全部归南李庄社区居民集体所有，个人不从中获取任何利益。

同时，范海涛多措并举，安排村民实现广泛就业。他安排孟电集团14名党员干部和南李庄34户贫困户结成对子，在就业、技术等方面进行帮扶。承诺村里45岁以下的劳动力，有就业意愿的安排到孟电集团上班；年龄较大的人员安排到社区做物业管理工作。贫困户靳备战，身有残疾，家庭十分困难，孟电集团安排他和妻子到新型建材公司上班，并针对他家的实际情况，让他们轮流上班，既能照顾家里，又能提高收入。

社区居民连常保，从农民变成了建材城的一名清洁工，每月能拿到近2000元的工资，年底还可以再得到5000元的村集体分红。连常保对此非常满意，连连赞叹："这是党和政府给咱办的好事，是海涛书记给咱办的好事。感谢，感谢！"

社区居民申凤宾，全家5个人1.5亩地，过去种菜一年下来纯收入也就4000多元。以前他也曾出去打过工，但后来因为年龄大，没技术，找不到合适的工作又回村了。2012年3月建材城开工后，他到建材城干起了保安，一个月有2400元的固定收入。在家门口就业，既可以照顾到家庭，又有了稳定的收入，他说自己很知足。

目前，南李庄村基本实现了人人有活干，村中无闲人，2013年全村农民人均纯收入达1.5万元，比2008年增长50%还多，曾经的贫困村，又成为了远近闻名的先进村、明星村。这两年，社区新增轿车200多辆，村民都高兴地说：美丽村庄是我家，农村不比城市差。

敬老院的幸福笑声

饮水、道路、医疗、住房、就业……这一桩桩大事儿，在范海涛呕心沥血的努力下,都得到了圆满的解决。南李庄居民的幸福生活,也芝麻开花,节节升高。

可是,在范海涛的心里,依然觉得还不够圆满。因为在他心里,还挂念着一件事。

在做南李庄村党支部书记的这六年,范海涛无时无刻不在关心着村里的每一户人家。南李庄村300多户人家,谁家的日子过得如何,谁家有什么困难和矛盾,范海涛这个做支书的,心里大都知道个八八九九。而其中最让他牵挂体恤的,就是村里的老弱病残……

村里有几个老人,因为年龄偏大,住的楼层又高,孩子们又都在外上班不能陪在身边,因此只能孤零零地待在楼上不能下楼。范海涛知道这个情况后,立刻叫来了老人的儿子、儿媳妇,把他们狠狠地批评了一顿:我们也有父母,我们也是父母,那种滋味都能体会到的。

村里人都知道范海涛脾气好,很少发脾气。面对他的严厉批评,老人的儿子、儿媳妇都低着头,诚恳地认了错。

但是在跟老人子女们谈完话后,范海涛心里也很沉重:他们(老人的子女)也有难处啊,上班不能耽误啊,也不能天天在家陪着父母,这是个实际

南李庄老年公寓

情况,矛盾啊!

于是,范海涛开始琢磨怎样把这些常年在家、行动不便的老人好好地照顾起来,一方面能让老人们过得开心点,另一方面也能让孩子们在外安心工作。

2013 年,范海涛出资 250 万元为南李庄社区建设了老年公寓。该老年公寓位于社区北边,主体为两层钢筋混凝土结构,建筑面积 2132 平方米,32 间住房,设有床位 50 余张。标准间内电视、空调、沙发、衣柜、热水器等一应俱全,冬天有暖气,夏天有空调,配备专业的服务人员为老人洗衣做饭,另外还特意聘请了专业的护工对入住老人进行护理。

老年公寓里不仅有休息室、娱乐室,还专门建有医疗室。此外,为了防止突发事件的发生,范海涛还特意在公寓的每个房间都装了一个报警器。一旦发生紧急情况,老人们只要一按报警器,就会有人立刻赶来。

老年公寓建成后,范海涛宣布:凡是南李庄社区内年满 70 岁的老人都可以入住,每人每月生活费标准 450 元,有食堂,有诊所,有保健,有服务,只象征性收取入住者每月 200 元的生活费。

对此,范海涛解释道:这些钱不是村里承担不起,而是提醒子女让他们记得要尽孝。

对这个老年公寓,范海涛了如指掌:老人年龄大,两个人一个房间,可以相互照应下;老人身子软,餐厅配的都是高凳子,老人坐上去吃饭不费劲;桌子是四方桌,老人平时可以一起打打牌解解闷儿。

老年公寓优越的条件吸引了很多老年人和子女的眼光。很多老人想去,但心里又有顾虑:怕别人说闲话,怕被认为是自己的子女不孝顺,把父母送到了养老院。

了解到这个情况后,范海涛亲自上门去做老人和子女的工作,并在村里做了广泛的宣传:让老人住养老院,一是老人可以得到更专业的照顾,也有伴儿可以聊天解闷儿；二是子女们也可以腾出时间安心做自己的工作；三是减少了家庭矛盾，提高了生活质量。这跟子女孝顺不孝顺没有关系。

经过耐心细致的工作，村民们的顾虑打消了，很多老人高高兴兴地由子女陪着住进了老年公寓。

现在，老年公寓的老人有30名左右。老人们生活在养老院，休闲自在，怡然自得。

看到这些，范海涛格外地高兴。无论再忙，他都会抽时间定期去看望老人，陪他们说说话，聊聊天。

2014年春节前夕，考虑到如何安排老人们过春节的问题，范海涛放下手头繁重的工作，专程赶到老年公寓。

走进老年公寓的院子里，工作人员看到他，刚准备打招呼，他连忙摆摆手，示意不要声张。

他轻手轻脚地走到多功能活动室，透过明亮的玻璃，看到几个无忧无虑的老人正在高高兴兴地打扑克，还有几个老人在乐呵呵地聊天，有说有笑，满脸幸福。

他推开门走进去，屋里暖气开得正旺，暖乎乎的。

正在开心热闹的老人们看到他，像见到自己的亲人一样，马上走过来把他围了起来。

范海涛细心地招呼他们坐下，拉着老人的手，问他们：最近的身体怎么样？饭菜是否可口？衣服是否穿暖？住上还有啥问题？

老人们争先恐后地回答道："好得很，我们在这儿吃得好，穿得好，还有人做伴说话聊天。孩儿啊，你真是给我们办了一件大好事儿啊！"

范海涛高兴地笑了，又问道："大家春节咋打算呢？在这儿过，还是回家过？"

老人们不约而同地回答："我们要在这儿过，这儿好！吃的穿的住的啥都全了,也有伴儿,不给孩子们添麻烦!"

范海涛点点头:"行,你们要是在这儿过,那我大年初一来陪你们吃饭,咱一起过年!"

听了范海涛的话,老人们高兴地拍起巴掌来。

大年初一那天,范海涛早早安排好家里的一切,给家人说明情况后,就来到了老年公寓。

老人们都提前穿上了范海涛为他们买的过年的新衣服,坐在温暖的房间里,桌子上摆满了水果、瓜子、花生、糕点等丰盛的食品。但是,老人们既无心吃东西,也无心聊天,他们翘首企盼着范海涛的到来,心里却忍不住地疑问:海涛真会来陪我们过年吗?

刚过 11 点,门口就响起了厚重的脚步声。随着房间门吱呀一声响,范海涛大踏步地走了进来。老人们立刻像孩子似的欢呼起来。

范海涛热情地给老人握手打招呼,并一一拜年。

看到范海涛真的来了,老人们既高兴,心里又过意不去:海涛,你来陪我们过年了,家里咋办呢?

范海涛与老年公寓的老人在一起

范海涛笑了，拉着老人的手走进来坐下：没事儿，他们还都想和你们一起过年呢！

他细心地给每一位老人夹菜，劝他们多吃点儿，自己却很少动筷子。

他给每一位老人敬酒，叮嘱老人注意身体，祝他们健康长寿。

有位老人激动地抹起了眼泪："孩儿啊，你比俺儿子还亲我！"

范海涛替老人擦去眼泪，紧紧地握着老人的双手："叔啊，您可别和我见外，您就当我是您的儿子，做这些都是应该的！"

每当谈起这些老人们，范海涛都会说："老人的今天就是我们的明天，敬老爱幼是我们这个社会的美德，也是我们每个人的良知。"

如今，范海涛已经在南李庄村担任党支部书记六年了。六年来，他始终把群众放在心上，为群众服务；六年来，他尽忠职守，坚决兑现曾经的竞选诺言；六年来，他让昔日落后贫穷的南李庄村变成了如今现代和谐的南李庄社区。对于这一切，范海涛自己从来不张扬：我做这些不是为了名和利，因为我是一个共产党员，这是我的责任和义务，是我应该做的，没什么好炫耀的。我知道群众现在对我评价很高，对我也很信任。一方面我感到很有成就感，因为获得了群众的信任；另一方面我也感觉心里有很大的压力，我接下来还有很多事要做，不能让支持我的人失望。所以每次想到这里，我就告诉自己千万不能放松。

对于未来，范海涛信心满满。他说他还会一如既往地为南李庄人服务。他要让南李庄人真正过上城里人的生活，过上幸福的生活。2014 年，结合党的群众路线教育实践活动，他又为南李庄规划建成了家居建材城二期和农贸市场，可使村民人均年收入再增收 1 万元，达到 2.5 万元。农民盖房难、增收难、养老难，"三大难"在南李庄村得到了妥善解决。范海涛的心愿是让南李庄村的村民世世代代都能在这块土地上安居乐业，过上无忧无虑的生活。

第八章

党旗飘扬：民营企业党建的新楷模

把党的建设作为最实的投入、最大的财富、最好的资源、最亮的品牌、最高的境界。

我爱这个党，所以要为群众谋福利，竭尽全力为群众谋幸福，就是为了让老百姓说一声共产党好。

——范海涛

孟电集团像一颗明珠镶嵌在太行南麓、黄河北岸。它沐浴着太行山的雨露,吮吸着中华民族母亲河——黄河的乳汁,茁壮成长,平凡而伟大。

孟电集团从小到大,几十年的光辉历程中,先后获得了国家级和省部级大奖十多项。这些荣誉、奖杯、称号蕴含着孟电共产党人的创业精神,凝聚着他们科学发展的宝贵经验,折射出孟电集团党委及范海涛书记忠于党、忠于国家、忠于人民的人生观和价值观。

服务企业,奠定组织基础

信仰,是一个民族和国家的灵魂,更是支撑一个人精神世界的力量之源。范海涛作为孟电集团党委书记,之所以能够聚精会神地抓党建,就在于他坚守着共产党人的政治信仰。

范海涛的父亲范清荣、母亲顾族荣,先后在南李庄任村党支部书记。范清荣两口子为群众办好事办实事、服务群众、关心群众的佳话,村民们传了几十年!父辈的经历、父辈的教诲、共产党的教育,培育了范海涛宝贵的政治信仰:党为人民谋福利,所以我爱这个党;我爱这个党,所以我要为群众谋福利。

范海涛作为一名有30多年党龄的共产党员,深深地懂得,基层党员干部的一言一行直接代表着党在群众中的形象。因为,他深爱这个党,所以,他要为群众谋利益,让群众从基层党组织和党员的身上感受党的关怀和温暖。范海涛说,他竭尽全力为群众谋幸福,就是为了让老百姓说一声共产党好。

2008年,范海涛开始担任南李庄村党支部书记。从此,范海涛有两个

2010 年 4 月范海涛被评为全国劳动模范

头衔:一个是河南省新乡市辉县孟庄镇南李庄村党支部书记,一个是河南孟电集团党委书记、董事长,因此人们称他为“两栖书记”。

他把为社会服务、为群众服务的坚定信念,贯穿到他的每一次重大抉择之中。他坚持以自己的实际行动诠释共产党员的责任与使命。

他在一个非公企业的特殊岗位上,奏响了为党的崇高理想不懈奋斗的时代强音。

在集团党委书记的岗位上,在一系列自身利益和国家利益、经济效益和社会效益发生激烈冲突的重大抉择面前,他总是把党的利益、人民的利益、社会的利益放在第一位。

在村支书的岗位上,他首先想的是为群众办实事、做好事,让群众通过自己的行为举止感知党的温暖,认知党的形象,让群众通过一个基层共产党员的表现体会共产党好、社会主义好这一真理。

他拥有自己为民服务的道德逻辑:竭尽全力为群众谋幸福,就是为了让老百姓说一声共产党好。就是在这样简单朴实的道德逻辑下,范海涛坚定不渝、身体力行地为党的形象、党的事业在不断地增添正能量。

建设服务型党组织，发挥党组织在企业发展中的政治引领作用，做好服务发展、服务社会、服务民生等工作，不断提高党组织的领导水平和服务能力。孟电集团是具有代表性的非公企业，党委书记范海涛带领孟电集团冲破种种传统观念，克服了一个又一个的困难，迎来了发展，迎来了光明，迎来了春天。改革开放初期，在非公有制企业开展党的建设工作，是一项充满时代感和创造性的工作。

数年前，在非公企业开展党建工作还是一件新鲜事，人们对此有不同的认识，有肯定的，有反对的，也有认为可有可无的。有的认为党组织在非公企业中发挥不了作用，建立党组织没有必要；有的认为在非公企业中开展党的活动会增加企业运营成本，影响经济效益；有的不知如何处理与党组织的关系，害怕党组织干预经营决策，影响企业的正常生产秩序；有的是因为企业自身在生产经营中有违反国家法律法规的行为，害怕党组织的直接监督；等等。

2012 年 3 月范海涛在北京参加了全国非公有制企业党的建设工作会议。会上习近平同志发表了重要讲话，指出：加强和改进非公有制企业党建工作，抓好两个覆盖，发挥好党组织两个作用，加强两支队伍建设。习近平同志的讲话像春风吹遍祖国大地，像雨露洒满人间，像灯塔照亮了非公企业党建的正确方向。

抓好两个覆盖，就是要抓好党组织覆盖和党的工作覆盖，加大党员发展力度，做好流动党员管理服务和引进党员职工的工作，不具备建立党组织条件的，要采取多种方式积极开展党的工作，增强党的影响力。

发挥党组织两个作用，就是党组织要在职工群众中发挥政治核心作用，在企业发展中发挥政治引领作用。把贯彻党的路线方针政策、维护职工群众合法权益、引领建设先进企业文化、创先争优推动企业发展贯穿党组织活动始终。

加强两支队伍建设,就是要加强党组织书记和党建工作指导员队伍建设,为开展非公有制企业党建工作提供组织保障。

习近平同志还强调,非公企业要把贯彻党的路线方针政策、维护职工合法权益、引领建设先进企业文化、创先争优推动企业发展贯穿党组织活动始终。

此次会议之后,孟电集团的党组织同全国一样,认真贯彻习近平同志的讲话精神,使企业党建工作得到了更好更快的发展。

孟电集团党委成立以来,在开展非公企业党建工作方面做得有声有色,成为新乡市非公企业党建的一面旗帜。

这些成就主要归功于范海涛对企业党建工作有着正确而深刻的认识,让党组织在企业发展中发挥政治引领作用,在职工群众中发挥政治核心作用,维护员工的合法权益,为企业科学发展保驾护航。

范海涛坚持把党的建设作为最实的投入、最大的财富、最好的资源、最亮的品牌、最高的境界,让党旗始终在企业生产一线高高飘扬。

孟电集团抓党建工作的内源动力就是集团领导对党的深厚感情和共产党员的使命。他们有自觉抓党建工作的强烈意识,不是别人要他们抓,而是他们自己主动要抓。

集团创始人、曾任董事长的范清荣是一个有着50多年党龄的老党员,长期担任党的农村基层干部。他最常说的一句话就是:俺是党的人。

1987年火电厂建立时就建立了党支部。作为支部书记的范清荣,干啥成啥的经历则使他进一步认定了一个道理:企业能不能搞好,关键在人;人能不能带好,关键在党组织。因此,在2002年企业改制制订方案时,他就明确要求,抓党建的机构不能变,抓党建的人员不能免,抓党建的力度不能减,要使党建工作真正成为服务企业改革发展的助推器。

常言说:打铁首先自身硬。孟电集团党委始终以积极探索的精神,发挥党组织在促进企业发展中的政治引领作用和在职工群众中的政治核心作用,不断加强党组织自身建设。

健全的组织是开展党建工作的重要基础。2006 年孟电集团党委成立后,根据党员的分布情况,调整党组织的设置。截止到 2014 年 3 月,集团共有 202 名党员,下设 5 个党支部、27 个党小组,保证各车间、生产线都有党员,形成了党的组织网络全覆盖,为全面开展党的工作奠定了坚实的组织基础。

在集团党委的领导下,还建立健全了工青妇等群团组织,支持他们依照法律按照各自章程开展工作。

为了保证党组织在企业科学发展中的政治引领作用,孟电集团实行党组织负责人和高层管理人员双向交叉任职的办法。集团 9 名现任董事会成员全部是共产党员,并且分别担任了集团党委或所属分公司的党组织负责人,集团下属公司里的 25 名高级管理人员也全部都是共产党员,也都通

中共河南孟电集团委员会挂牌成立

过交叉任职担任了所在党支部、党小组的负责人。

实践证明,在非公有制企业实行双向交叉任职,是一种服务企业科学发展的好办法,有利于消除党建工作与企业发展"两张皮"的脱节现象,实现了党务、业务一起抓,把党组织的作用真正融入到了企业生产经营的全过程。这样的组织形式,使集团党委、行政班子和董事会能够实现有机结合、步调一致。

范海涛书记非常重视企业党建工作,努力营造深厚的企业党建文化氛围。

为了给企业开展党建工作提供必要的人力、物力、财力支持,范海涛为企业党建工作投资300多万元,为开展党建工作在人员、经费、场地方面提供了重要的保障。集团党委专门成立了企业党建工作室,设立了党委专职副书记和党委委员,专门从事党建工作。每个支部都建立了设施齐全的党员活动室,便于对党员开展教育培训工作。

2007年,为了适应信息化时代的需求,又创办了精彩纷呈的党建网站。

孟电集团开展党员培训

该网站开设了企业概况、组织结构、党员管理、干部之窗等十大栏目。通过网站经常详细地介绍企业内部党建的最新动态，宣传国家的大政方针、时事政策。党员职工都为网站积极投稿、发帖，使网站成为党建工作的一个窗口。

范海涛书记非常重视党员在企业中的先锋模范作用，积极为党员搭建发挥先锋模范作用的舞台。

在强化党员意识的基础上，孟电集团党委在企业中实行了党员挂牌上岗，让每一个党员都亮出党员身份。设立党员先锋岗、党员示范岗、党员责任区；要求每个党员每月至少办2至3件好事，并组织专人记录，进行评定。

为了激发党员服务群众的内在动力，集团党委对党员先锋模范岗实行竞岗制，进行动态管理，每月搞一次评比活动，如果哪个岗位的任务完不成，就有被摘牌或被别的党员抢走模范岗的可能。

孟电集团党委还在全体党员中广泛开展“我参与、我承诺、我奉献”的“三我”活动，这项活动的开展增强了党员打先锋、冲头阵、干难事的压力和动力。“三我”活动的目的是培养党员的奉献精神，关键是对监督党员承诺事项的落实。这项活动主要突出三个着力点：

——让每位党员签订服务群众承诺书。有的党员承诺资助贫困大学生，有的承诺积极参加义务劳动，有的承诺争当好员工，有的承诺争当好媳妇等。

——对承诺事项实行群众监督。党员在党员大会上公布承诺，同时将承诺事项、落实时限、联系方式等向职工公布，自觉接受群众监督。

——对承诺事项实行定期检查监督制度。建立承诺工作检查制度，对落实承诺的情况，党支部一月一检查，党委一季一检查，对好的典型经验和做法，及时加以总结推广，对发现的问题及时予以反馈，对承诺情况落实不好的党员提出批评教育，并限期整改，确保承诺事项的兑现。

这些活动的开展,既为党员发挥先锋模范作用提供了平台,也起到了激励党员为党旗增辉、为企业增光的重要作用。

在集团党委的培养下,孟电集团的共产党员,无论是在车间还是在工地,都能够严格按照党员标准要求自己,特别是关键时刻,都会有共产党员挺身而出,迎难而上。

在企业发展的每一个关键点上,都使党员的先锋模范作用和党组织的战斗堡垒作用得到充分发挥和彰显,让党旗始终在生产一线飘扬。

扎实有效的基层党建工作培育了"艰苦奋斗,团结拼搏,苦干实干,争创一流"的孟电精神,培养造就了"特别能吃苦,特别能战斗,特别能忍耐,特别能奉献"的党员队伍。

党员王兴东,是热力公司热控车间主任,他连续多年被评为劳动模范。在工作中发扬党员的奉献精神,不怕苦、不怕累,曾带领员工安装了三、四、五、六线机组的热控部分工程,在安装过程中还完成了大量热控图纸的绘制任务。

党员王新国,现任孟电集团分公司污水处理厂厂长。2005 年负责协助兴建 4500 吨熟料生产线,从动工到投产仅用了 100 天时间,创造了孟电集团发展史上的奇迹。王新国有了一定名气以后,一些外地同行不惜重金前来挖他,都被他一一婉言谢绝。"就是给座金山,也不能离开孟电,因为是孟电造就了我的今天。"王新国诚恳地说。

党员侯德亮,认真钻研业务,在工作上精益求精。在负责响泉湾煤场的几年中,他严格把守质量关,没有出现过徇私枉法的情况。几年来,为集团节约原煤上万吨,维护了集团的经济利益,为服务改革、服务发展做出了重要贡献。

被职工称为老党员的优秀共产党员、热力公司机修车间副主任王振中,在他的身上更是展示了一个共产党人的执着追求。他 20 多年如一日围着锅炉转，一有苦活、累活、危险活，他总是第一个奋不顾身地冲在前边。他多次冒着高温钻进炉膛排除故障，实现了20多年安全生产无事故，为孟电发展做出了突出贡献。

孟电集团党委抓住王振中这个典型，及时做出了《关于开展向王振中同志学习的决定》，在企业中掀起比、学、赶、帮、超热潮。

在党组织的引导下，孟电集团还涌现了付卫国、侯文海、王维等几十名优秀共产党员。如今在孟电集团，一个党员就是一根标杆，一个党员就是一面旗帜，一个党员就是一盏明灯，这些优秀党员的事迹教育和感染着广大员工。员工们都爱厂如家，为了企业更好地发展，默默地奉献着。

孟电集团党委还注重发挥党的思想政治工作优势，对职工群众积极开展党的方针政策教育。每逢中央有重大决策时，集团党委都会把学习教育的基本要点及时整理出来，向广大党员和职工传达。集团党委还开展了多种形式的精神文明创建活动和文体活动，比如在团员中开展安全演讲比赛、质量知识竞赛活动，每年组织1至2次职工文体活动，节庆日举办文艺联欢会等，通过开展文化活动，增加了集团的凝聚力，营造了一个积极健康的企业文化氛围。

为了增强党组织的凝聚力和党员的荣誉感，集团党委开展"双培养"活动和党内关怀帮扶活动。把一定数量的党员培养成技术骨干，再把多名技术骨干培养成党员。

每年评选出10名优秀共产党员进行表彰奖励，对党员每人每月增加10元钱补贴，虽然对党员补贴只是象征性的，经济数额不大，但是它起到了增强党组织的凝聚力和党员责任感、荣誉感的作用。

历年来，集团在选拔干部时都坚持一条原则，首先从共产党员中择优挑选，使党建工作与企业经营管理实现了同频共振。

2014年上半年，在全党开展的群众路线教育实践活动中，孟电集团党

孟电集团党员民主生活会

委在坚持做好规定动作的同时,积极谋划自选动作,按照中央要求,又出台了企业八项规定,成立了党员突击队,对广大党员提出了具体的要求:规定全体党员干部要以上率下,办好事,做实事,争做“脑中有思想、眼中有目标、肩上有责任、胸中有激情、腹中有度量”的“五有干部”;要求广大员工要立足本职工作,践行社会主义核心价值观,争当“讲党性、讲政治、讲道德、讲责任、讲文明”的“五讲员工”,积极为社会传递正能量。

服务科学发展，发挥政治引领作用

孟电集团的发展已经有 20 多个春秋,在企业发展的每一个关键时期,都体现了集团党组织的政治引领作用。

对于党委的引领作用,集团党员干部形象地比喻说:干部不领,水牛掉井;而高管人员和工人们则把它比喻为“党委不领,企业掉井”。

上水泥生产线项目、小火电机组爆破拆除、争取 2×30 万千瓦热电机组项目、房地产开发，在打造热电——水泥——房地产产业链等重大决策中，都显示出党委在企业科学发展中的政治引领作用。

孟电集团党委为了实现企业科学发展，在选择项目时，一是看是不是有市场，二是看是不是环保，三是看是不是科技含量高，四是看是不是有利于周围的群众。凡是符合这四条标准的，无论有再大的困难，集团党委都要想办法克服。而一旦做出了决策，就义无反顾地赶工期、抢速度。2002年到2005年，孟电集团投资13亿元连上了6条干法水泥生产线，不仅市场前景好，科技含量高，节能环保，而且规模一条比一条大，工期一条比一条短，创造了多个全国同规模之最，抢占了水泥行业的战略制高点，为企业的高速发展打下了基础。

孟电集团党委在企业科学发展中的政治引领作用，重点体现在贯彻落实党中央国务院关于上大压小、节能减排等重大经济决策活动中。

改革开放以来，我国许多地方片面追求GDP而出现生态环境遭到较为严重破坏的现实，经济增长的资源环境代价过大问题成为制约中国经济健康发展的首要问题。

为了保护当地的生态环境，还百姓一片蓝天，早在2003年，孟电集团就果断关停了三条生产技术落后、产品质量低、规模小、污染严重的立窑水泥生产线。为此，孟电集团损失了4000万元的投资、6000万元的年产值。

孟电集团主动关停高污染、高耗能项目的举动，拉开了辉县市乃至新乡市关停小水泥厂的序幕。两年间，全市爆破拆除了65家水泥企业的114条立窑生产线，关闭、搬迁了170多家碎石场，为当地的环境保护起到了示范带动作用。

2007年，为了淘汰落后生产能力、转变经济发展方式，国务院做出了在全国开展“上大压小、节能减排”活动的决定。当时，孟电集团拥有的火电厂，就被列入应淘汰的高污染、高耗能产业行列。

在孟电集团党委的领导下,以引导企业科学健康发展为导向,决定宁可自己受损失,也要执行国家的“上大压小、节能减排”的环保节能政策。这一年河南拆除小火电厂主会场就设在孟电集团。

孟电集团党委在职工群众中的政治核心作用,还体现在小火电机组拆迁后,对1000多名富余人员的安排工作上。如果这项工作做不好,不仅影响1000多名职工群众的工作和生活,而且还直接影响企业的发展,甚至影响到社会和谐稳定。

在这种情况下,孟电集团党委没有被困难吓倒,面对挑战,他们认为要坚决维护职工群众的合法权益,以大局为重,决定自己想办法克服困难,不让职工利益受到损害,不给社会带来麻烦,从企业内部解决这些富余人员的工作问题。仅此一项决策就意味着企业每年仅在工资开销方面就得多支出2000多万元,这对企业来说无疑是一项巨大的负担。

作为集团党委书记,范海涛主动承担起维护职工利益、保持社会稳定的责任。他深知职工们为企业发展做出了贡献,在困难面前,保住他们的饭碗,不仅是企业家的良知,也是企业应该承担的社会责任。

在小火电机组拆迁过程中,集团党委及时做好职工的思想政治工作,教育大家要以大局为重,并承诺停产期间工资、福利照发,决不让一名职工下岗。由于党建工作扎实到位,思想政治工作做得深入细致,集团所有职工都很支持爆破小火电机组的重大举措。

现在的辉县不再是昔日的“灰县”!辉县市的空气清新了,天变蓝了,老百姓生活环境好了。辉县市能拥有这么好的环境,孟电集团党委的带头作用功不可没。

如今,集团党委引领企业走上了健康、可持续发展的道路,孟电集团的党建工作和企业的科学发展已经形成良性的互动循环效应。

孟电集团在“十一五”期间,重点发展循环经济,拉长产业链条,在科学发展中转变经济发展方式，在发展中实现科学发展。他们先后投资40多亿元，连上七大项目，水泥年产量达700多万吨，实现了企业发展质量和效益持续提升，连续多年销售收入、实现利润和上缴税金三项主要指标均居新乡市前列，连续5年累计上缴国家税金近7亿元。

扎扎实实的基层党建工作不仅激发着孟电人团结拼搏的内在活力，而且为企业的迅猛发展提供了源源不断的强大动力。

服务社会，履行社会责任

企业在自身发展壮大的过程中，除了追求利润最大化外，还必须承担一定的社会责任，这就叫做企业的社会责任。履行社会责任是企业应尽的义务，也是企业的光荣使命。

企业履行社会责任包括以下几个方面：

对政府的责任。要求企业合法经营、照章纳税，承担政府规定的其他

孟电集团积极为公益事业捐赠

责任和义务,并接受政府的监督和依法干预;企业对股东的责任,要求企业应严格遵守有关的法律规定。

对股东的资金安全和收益责任。要求企业力争给股东以丰厚的投资回报,并且有责任向股东提供真实的、可靠的经营和投资方面的信息。

对消费者的责任。要求企业对提供的产品质量和服务质量承担责任,履行对消费者在产品质量和服务质量方面的责任,并自觉接受政府和公众的监督。

对员工的责任。要求企业必须以相当大的注意力来考虑职工的地位、待遇和满足感。

对资源环境和可持续发展的责任。要求企业应尽可能地合理利用资源,减小对环境的污染程度,同时企业要自觉地承担所造成的资源浪费和治理环境污染的费用。

对社区发展的责任。要求企业回馈社会,为社区提供就业机会,为社区的公益事业提供慈善捐助,向社区公开企业经营的有关信息等。

范海涛认为:爱党,就要为党做点儿事情;爱乡亲,就要富一方百姓;爱社会,就要奉献一片爱心。这就是范海涛的社会责任,也是孟电集团党委的社会责任。

责任是一种力量,不仅推动一个企业成长壮大,更将推进一个民族发展进步。一个长期奉公守法、勇于承担社会责任的企业,才是可持续发展的企业。这是范海涛对企业责任新的理解和诠释。

企业是社会的细胞,是经济发展的主体,为地方创造财富,支撑地方经济发展,是企业义不容辞的责任。孟电集团 5 年累计上缴税金近 7 亿元。

现今,孟电集团已成了辉县市财政收入的重要支撑,在支持地方经济发展和社会建设中,发挥了举足轻重的台柱作用。

孟电集团党委十分重视为政府分忧,主动承担起社会责任。

2010年，作为电力生产主要原材料的煤炭的价格大幅度上涨，而电价却没有随之调整，于是在发电企业就出现了煤电倒挂现象，形成发电越多、亏损越多的窘迫局面。在煤电价格倒挂的背景下，孟电1号机组每发1度电，就要亏损4分钱。在这样的形势下，如果只考虑企业自身效益，他们完全可以以检修为名停机停产。但是孟电集团牢记自身的社会责任，坚持发电，累计发电15亿度，总亏损超过6400万元。

在大幅度亏损的情况下，孟电当时为啥还要坚持发电？因为，孟电集团党委深深地认识到像电厂这样的企业，牵连着千家万户，牵连着工业、经济发展。孟电集团为了群众的利益、为了当地经济的发展和社会稳定，不算自家企业的经济账。所以，他们甘愿付出巨额亏损的代价，也要坚持发电，这是企业集团党委的社会责任意识所致。

时任河南省委书记的卢展工在一次会议上动情地说："煤价上涨，电企发电多亏损多，许多国有企业都在明里暗里找借口尽量少发电，可你们去孟电看看，那里一台机组都没有停！这就是社会责任感，这就是企业家的境界和胸怀。企业能主动为政府分忧，孟电精神值得宣传。"

近年来，孟电集团为了支持当地企业的发展，还对孟庄镇2000多家企业实行优惠电价。孟庄镇乡镇企业永昌化工有限公司负债6000多万元濒临倒闭，孟电集团党委决定对其实行特价供电，并允许先欠下以往电费。在孟电集团的扶持下，永昌公司起死回生，年上缴利税上千万元，很快走上了良性发展道路。

开展关爱员工活动，履行对员工的社会责任。在企业发展过程中，集团党委坚持"发展为了员工，发展依靠员工，发展成果由员工共享"的原则，形成企业关爱员工，员工忠诚企业，人企和谐共荣的良好氛围，实现了企业和谐发展。

孟电集团党委关心员工的行动，首先体现在改善员工生产生活条件、提高员工福利待遇、按时足额发放工资、及时签订劳动合同等方面。集团党委始终把企业快速发展和人的全面发展相统一,时刻把员工的冷暖放在心上,实行亲情管理,着力构建和谐的劳资关系,努力为员工的发展创造和谐的环境。2010 年集团党委决定上调员工工资,平均每人增加 30%的工资,2011 年普调员工工资 15%,2012 年普调员工工资 15%,2014 年又普调员工工资 10%,使员工的收入实现了逐年稳定增长。

孟电集团党委注重充分保障员工的民主权利。他们认为,企业不能仅仅是工人劳动和工作的地方,而且也是员工接受教育、增长知识的地方,使员工尽可能得到多方面的发展。

善待职工,首先要尊重职工,接受职工的民主监督。要把职工看成是企业的主人和主体。集团在各分公司都设置了意见箱,鼓励职工为企业发展提出合理化建议;建立了总经理接待日制度,定期与职工面对面交流,这项制度不仅使员工有合理的意见建议能当面向领导提出,而且通过领导与员工的定期见面,也进一步密切了企业中的党群关系和干群关系。

节假日,范海涛还坚持和其他领导成员到生产一线慰问在岗员工,到食堂安排调剂伙食。每年大年初一,范海涛和集团领导都要把热乎乎的饺子和水果、糖果送到车间,向坚守在一线的职工拜年。

近年来,集团又为职工办了养老等社会保险;企业还先后投资 1000 多万元,建成了 3 个高标准的职工餐厅,每月拿出一定数额资金补贴食堂;建成 4 座宿舍楼,解决了职工的住宿问题。

企业真正关心职工,职工就会把自己的命运和企业连为一体。孟电 2×3000t/d熟料干法水泥生产线建设时恰逢全国银根紧缩,原材料价格大幅度上涨,资金一度成为瓶颈,职工们自愿筹资,保证了项目的如期投产。

面对职工一次又一次的支持,集团领导层在感动之余,也悟出了一个道理:管理学某种程度上说就是“人学”……孟电为啥弄啥成啥?关键是职工和企业一条心。

开展资助贫困村活动，履行对社区居民的社会责任。多年来，以范海涛为首的孟电集团党委，牢记党的宗旨，情注家乡，心系百姓，以带动家乡人民共同富裕为目标，为家乡建设做出了突出贡献。

孟电集团先后与12个村党支部结成共建对子，在发展思路、资金、技术等方面进行帮扶；以加强党的组织建设为核心，在解放思想、拓宽思路的同时，帮助困难村改变生产生活条件。

近年来，孟电集团出资80余万元，为辉县市南村镇南村东村修建一个储量为1.2万立方米的蓄水池，不仅解决了世世代代吃水难的问题，而且为该村农业灌溉及香菇种植提供了便利条件；投资2000多万元，对携手联建的孟庄镇小蒲水村、前李固村，按照社会主义新农村的建设标准，将村容村貌进行了整治，硬化水泥路面6公里，架设农电线路10多公里，配套机井100眼，使3000多亩耕地实现了旱涝保收。小蒲水村也由20年前远近闻名的穷村、乱村变成了今天远近闻名的文明富裕村。像这样被孟电集团资助过的贫困村，还有10多个。

资助特困群体履行扶危济困的社会责任。2013年9月，范海涛在北京参加全国道德模范颁奖期间，听说新乡市评选出的最美新乡人中残疾妈妈任少云的感人事迹后，当即决定与任少云一家结成帮扶对子进行帮扶，不仅资助他的女儿完成学业，还拿出18万元为其购置了新房，改善他们的居住环境。

范海涛还在新乡市社会福利院建立了以援孤助残为宗旨的爱心屋，为其注入20万元爱心资金，并捐助了一部价值10万元的救护车。

2014年1月12日，他又带着孟电集团30多名董事和副总，再次给福利院送去了价值3万多元的食品和日用品。2014年春节，孟电集团党委为孟庄镇231户贫困户每户送去300元慰问金，并看望慰问辉县市拍石头乡集中供养的老人。

范海涛热心救助弱势群体,向孤寡老人、失学儿童、残疾人等困难群众伸出援助之手,用自己的实际行动弘扬中华民族的传统美德,践行公民基本道德规范。

为农村地区培养实用后备人才,履行先富带后富的社会责任。先富带后富,最终实现共同富裕是社会主义的本质要求。范海涛认识到孟电集团党委在带动本村居民实现生活条件改善后,还应带动本地其他地方的农村共同富裕起来。

他们懂得,要走集体富裕的道路,关键要有一支好的带头人队伍。于是,孟电集团党委主动地承担起为新乡市农村培训后备干部的重任。孟电集团被新乡市委组织部确定为村级后备干部培训基地。为了做好此项工作,集团拿出 80 万元,购置电脑、空调、课桌、教材等,让学员免费到集团学习、锻炼,用 3~5 年时间,为每个村培养 1~2 名后备干部;每期培训时间为 1 个月左右,食宿费用全免。目前已有 1000 多名学员结业回村,成了当地新农村建设的重要力量。

孟电集团为新乡市培训村级后备干部

他们还创新培训方式,采用请专家授课与直接参与企业管理、生产、经营岗位等相结合的方式,既注重知识传授,又注重现场教育,争取为农村培养实用型的后备人才。培训结束后,集团党委领导还不断对接受培训的人员进行回访指导,帮助他们解决生产经营项目上的困难,扶上马,送一程。

近年来,孟电集团用于公益事业的资金达2.5亿多元。

服务党员，增强党组织的凝聚力

服务党员是党章赋予党组织的一项基本职责,也是增强党组织凝聚力的内在要求。

党组织为党员提供服务主要包括两个方面:一是解决好党员的生活实际问题。帮助在艰苦环境中工作的党员、因病致贫的党员和生活困难的老党员解决生活中的实际困难。二是维护党员的民主权利。积极维护党员的选举权、被选举权、知情权、参与权等基本民主权利,增强党员的荣誉感和自豪感。党组织通过对党员的服务与关怀,激发党员服务群众的热情和动力。

孟电集团党委广泛开展关爱党员活动,让广大党员政治上有地位,经济上得实惠,生活上没顾虑。

集团党委对贡献突出的优秀党员实行精神、物质双重奖励,对家庭有特殊困难的党员采取下拨专款、党员捐献等方式重点帮扶救助,使他们尽快渡过难关。

集团总部和各公司在提拔任用干部时,首先从共产党员中择优挑选,使广大党员普遍感到工作有干头,事业有奔头。他们大力开展"双创建双连心"(创建党员责任区,创建党员先锋岗;党员领导干部与党员、员工心连心,党员与员工心连心)、"双培养"(把党员培养成技术骨干,把技术骨干培养成党员)、“一个党员一面旗”等活动,让党的旗帜在集团的每个岗位都高高飘扬。

为了体现党和政府的关爱,进一步深化关爱党员活动,孟电集团把活动覆盖面扩大到整个新乡市,确定了102位新中国成立前入党的老党员和特困党员,每年投入30万元进行帮扶。

为了做好这项工作,集团党委制定了“三交、三帮、三看、一送别”的帮扶规定。

三交,就是交心、交友、交感情,与老党员诚心实意交朋友。三帮,就是帮助老党员解决住房、住院治病、生活上难以克服的困难;帮助老党员解决因经济拮据子女考上大学不能入学的问题;为老党员家庭中有一技之长或有文化、身体健康的子女提供就业岗位。三看,就是逢年过节、老党员生日、生病住院必须带礼物前去拜年、祝寿、看望慰问。一送别,就是老党员去世后,要送花圈,做人生的最后告别。

据统计,帮扶计划实施以来,孟电集团共为老党员修缮房屋30余间,为12位老党员子女在企业安排了工作,赠送大米、白面、食用油上万公斤,发放生活慰问补助金20余万元。与此同时,孟电集团还经常邀请这些老党员、老功臣到企业做客参观、召开座谈会,讲过去的峥嵘岁月。这使老党员不仅在生活、经济上得到帮助,而且在精神上也得到了抚慰。

第九章

英模本色：高尚的思想道德境界

党员干部在公共领域秉公用权、为民服务，光明磊落、堂堂正正，才能得到人民群众的拥护，才能走好人生路，不断推进事业的发展，才能夯实执政的群众基础。

——范海涛

历史进入21世纪,中国社会已进入转型期。这个时期是一个十分复杂的时期,道德呈现出真善美与假恶丑并存、感天动地与触目惊心并存;社会呈现出从政清廉与贪污腐败并存,共同富裕与贫困落后并存,公平正义与分配不公并存,生态文明与环境污染并存……

范海涛和我们所有人一样,就生活在这样的时代里。

太行山的山水养育了范海涛,共产党培养了范海涛,中国社会转型期困难的挑战、破解社会矛盾的实践历练了范海涛,社会责任、对党的忠诚、对人民的热爱锻造提升了范海涛,使他成长为全国道德模范。

道德模范内在蕴含着无限的道德力量,范海涛托起道德的力量,推动着盂电集团科学发展,推动着党风、社风的好转,践行着党的群众路线,助困扶贫惠及民生。

范海涛之所以成为全国道德模范,是以正确的人生观为支撑,以科学的价值观为底蕴,以全心全意为人民的群众观为基础的。高尚的人生观、价值观、群众观造就了新时期范海涛这个草根道德模范。

正确的人生观

人生观为何物?人生观是人们对人生价值、人生目的、人生意义的基本看法和态度。人生观是一道选择题,人人在实践中都会做出不同的选择。人生的过程,是一个呈现出生与死、物质与精神、可能与现实等矛盾的过程。对人生过程中的诸类矛盾求解便构成了人生观的基本内容。

人的本质在其现实性上是社会关系的总和。马克思说,这表明一个人来到世间,就生活于自然、社会及其他人的关系之网中,时时处处要面临和

范海涛关心南李庄村民

化解人生的矛盾,回味人生的价值感受,追寻人生的意义。

人生观是一种社会意识,是一种社会观念,这种意识和观念都是社会存在的反映,都是社会存在决定的。

范海涛人生观的形成,也是社会存在决定的,是他所处的孟电集团、南李庄村及新乡市的历史条件和社会关系的产物,是人们社会生活的反映。

新乡是一个神奇的地方,这里是共和国劳动模范、先进典型层出不穷的地方。中华人民共和国成立之初就有名震神州、几十年红旗飘扬的全国先进典型史来贺,有全国乡镇党委书记的好榜样吴金印……这些誉满神州的英模群体生活的这片土地,无疑也是范海涛人生观形成的良田沃土。

辉县市孟庄镇是范海涛工作过的地方,南李庄是范海涛出生的地方,孟电集团是他创业的地方,孟庄镇、南李庄、孟电集团紧密联系在一起,形成了一种独特的"孟庄现象"。这种现象的本质包含着改革开放以来出现过两个全国劳模、五位省级劳模、十位新乡市劳模、29位辉县市劳模。范海涛就是其中之一。

孟庄这个神奇的地方养育、培养、塑造了范海涛。毫无疑问,孟庄这片土地是范海涛高尚人生观形成的直接沃土。

透过范海涛的人生观,可以折射出他在生活和工作情境中的人生关系、人生活动和人生过程。范海涛的人生活动和人生过程是平凡而伟大的。

范海涛1964年7月出生,从小就是一个听话的孩子;从上学到参加工作,一路走来,都闪烁出人生观的光辉。

从水泥厂的"拼命三郎"到公安局的优秀司机,再到"临危受命"的巡警大队长,范海涛都表现出特有的优异品质。

从巡警大队长到调任孟电集团党委书记、总经理，是范海涛未能料到的。为了党的事业，从大局考虑，经过激烈的思想斗争，他义无反顾接受了这次调动。上任后的范海涛，顶着巨大压力，率先砍掉三个小立窑生产线，建成全市第一条干法水泥生产线和全省第一家纯低温余热发电机组，又主动爆破装机容量17.5万千瓦的8台小火电机组，投资26亿元建成两台30万千瓦热电机组，完成了孟电集团的第二次腾飞。这是范海涛人生的第三次转折，使他的人生观放射出灿烂光辉。

范海涛人生出彩的地方，还表现在他对共产党无比的忠诚和热爱，对党领导中国特色社会主义事业无比的自觉和自信。他常怀忧患意识，面对一些疏离党群关系的腐败现象、以权谋私不良风气，常常寝食难安、忧心如焚；他常怀政治抱负，先天下之忧而忧，后天下之乐而乐，竭尽全力，为党的形象、党的事业增添正能量；他常怀报国情怀，位卑未敢忘忧国；他常怀浩然正气，富贵不能淫，贫贱不能移，威武不能屈；他常怀献身精神，鞠躬尽瘁，死而后已。

与范海涛打交道的人都说，他身上充满了正能量，一身正气，从不信邪，从不服输，从不搞歪门邪道，更不搞以权谋私。范海涛说，脱离群众、脱离实际、官僚主义、形式主义、贪污腐败，败坏了党的形象，降低了政府的公信力。如果刹不住这些不正之风，长此以往，将会动摇人民群众对党的信心，动摇党的执政基础，将会丧失共产党的最大优势。

范海涛给我们做出了廉洁的榜样。他说，一个真正的共产党员，理应出污泥而不染，位卑未敢忘忧国，虽千万人吾往矣，勇敢地站出来有所作为、有所担当！

作为一位民营企业家，范海涛对职工和村民都有一份沉甸甸的责任感。对南李庄村的长远发展、共同富裕深谋远虑，就是在日常平凡的事务中，在一次又一次利益的抉择中权衡，自觉地去锤炼党性，培育践行他崇高的人生观。

孟电集团从2006年起,每年投入30万元,帮助新乡市102名新中国成立前入党的困难老党员;

孟电集团从2007年起,每年拿出50万元,为辉县全市贫困职工贴补生活,即使在孟电最困难的日子里,也没间断过;

为了资助数百名寒门学子梦圆大学,孟电集团拿出200万元设立教育专项基金;

为解决深山区长期人畜饮水问题,孟电集团出资80万元,为南村镇南村东村修建蓄水池;

2010年初,孟电集团出资1.6亿元,为南李庄351户父老乡亲建起了统一规划的每家一套200多平方米的复式叠加别墅;

2011年,孟电集团投资3000万元,为南李庄社区建成家居建材市场和服务中心,摊位租金全部归村集体所有,每年可为村民增收300多万元;

2013年,孟电集团出资250万元,为南李庄村70岁以上老人建成了老年公寓,实现了吃、住、医一站式服务的承诺。

近几年来,孟电集团投入公益事业的资金达2.5亿元。

范海涛高尚的人生观,蕴含着一个共产党员大公无私的品格。习近平同志在党的十八届中央纪委三次会上说,作为党的干部,就是要讲“大公无私、公私分明、先公后私、公而忘私”。作为共产党员的范海涛做到了这一点。

范海涛在他人生道路上,可称得上大公无私。他说:党员干部在公共领域秉公用权、为民服务,光明磊落、堂堂正正,才能得到人民群众的拥护,才能走好人生路,不断推进事业的发展,才能夯实执政的群众基础。

范海涛是这样说的,也是这样做的。

范海涛的人生价值告诉我们,一个真正有远见、有智慧、有正确价值观的党员干部必然是大公无私的,也一定能做到公私分明、公而忘私、克己奉公、严格自律。

高尚的价值观

何谓价值观？价值观是人们对社会价值的性质、构成、标准和评价的根本看法和态度。不同的国家、不同的民族、不同的社会、不同的个人，各有不同的价值观，这些价值观深深影响着公民的思想观念和价值取向，引领着社会的发展方向。

社会主义核心价值观是社会主义中国的精神旗帜。这种精神是一种理想、一种信念，也是一种凝聚力和向心力。

一个人的价值观与国家层面的价值观、与社会层面的价值观紧密联系在一起。富强、民主、文明、和谐是国家层面的价值目标；自由、平等、公正、法治是社会层面的价值取向；爱国、敬业、诚信、友善是公民个人层面的价值准则。

一般情况下，价值观是由人生观决定的，有什么样的人生观，就有什么样的价值观。范海涛在锻造自己人生观的实践中逐步形成了自己的价值观。范海涛把爱党、爱国、敬业、诚信、友善作为自己价值观的主要内容。

爱党、爱国，是范海涛价值观的核心。

爱党，范海涛对党无限忠诚，爱党成为他价值观的核心。他告诉我们，对党忠诚，就是对党无限的热爱。爱党，就要为党做点事情；爱乡亲，就要富一方百姓；爱社会，就要奉献一片爱心。

这些简明、通俗易懂的“三爱”理念，蕴含着党性和人民性相统一的深刻道理。范海涛始终把讲党性放在第一位，他深知党性的核心就是坚持正确的政治方向，站稳政治立场，以牢固的政治定力，面对经济、政治、文化、意识形态领域的一切挑战，坚持学习贯彻党的理论和路线方针政策，学习践行党中央重大工作部署,学习宣传党中央关于形势的重大分析判断,坚决同党中央保持高度一致,坚决维护党中央权威。

采访中我们得知,范海涛学历不算太高,但认识能力和理论水平并不低。他认为党性和人民性是结合在一起的,坚持党性就是坚持人民性,坚持人民性就是坚持党性,党性寓于人民性之中,没有脱离人民性的党性,也没有脱离党性的人民性。

范海涛讲党性,就是坚持党的先进性。他说:党的先进性是企业发展的保证,也正是党的先进性成就了我们,成就了孟电的今天。

范海涛抱着对共产党的赤子之心,按照党性的要求,在孟电集团创建的同时就成立了党组织,从党支部、党总支一路走来发展壮大,这在民营企业战线上是少见的。2006 年 9 月 18 日成立集团党委,党委领导班子与管理决策班子交叉任职,集团党委在企业发展中发挥政治核心作用,参与事关企业发展大局和涉及职工切身利益的重大决策。

范海涛领导下的孟电集团党委,把党的建设看成最实的投入、最大的财富、最好的资源、最亮的品牌、最高的境界。他们制定了围绕发展抓党建、抓好党建促发展的战略,打造企业学习型、创新型、服务型党组织。范海涛 2006 年被中共河南省委授予河南省优秀共产党员称号,2012 年被中共河南省委授予全省创先争优优秀共产党员称号。

爱国,是范海涛价值观的又一核心内容。

爱国是一个人价值观的核心。一个不爱国的人就是一个没有政治生命的人。古人云:“临患不忘国,忠也。利于国者爱之,害于国者恶之,国而忘家,公而忘私。”古人都把爱国作为价值观的重要内容,是我们学习的榜样,需要继承和发扬。

范海涛爱国的价值观,集中体现在坚决响应国务院“上大压小、节能减排”的号召。2007 年 10 月 26 日,孟电对总装机容量 17.5 万千瓦的 8 台小火电机组实施了集中爆破拆除，其经济损失达10亿多元。参加爆破仪式的国家发改委能源局局长赵小平感动地说：“河南在‘上大压小、节能减排’方面走在了全国前列。这次全国爆破拆除小火电，孟电集团觉悟最高、损失最大、配合得最好，孟电成为全国第一家参与爆破拆除小火电的民营企业。

孟电集团积极打造产业链条，发展循环经济，以市场为导向，以提高经济效益、社会效益、环境效益相结合为目的，坚持产学研相结合，使企业成为研究开发投入的主体、技术创新活动的主体、创新成果应用的主体。

孟电集团自成立到今天，为国家做出了巨大贡献。

范海涛作为民营企业家，对国家无比热爱、无私奉献。在其旗下的孟电集团2000年至2004年上缴国家税金年平均1814万元；2005年上缴国家税金5600万元，2006年纳税8300万元，2007年纳税1.17亿元，连续三年销售收入、实现利润和上缴税金三项增幅均居新乡市前列；2008年纳税1.4亿元；2009年纳税1.3亿元；2010年在国际经济危机影响下仍纳税1.1亿元；2011年纳税1.6亿元；2012年纳税1.6亿元；2013年纳税1.54亿元。

爱岗、敬业，是范海涛价值观的又一核心内容。

爱岗，就是热爱岗位。岗位意味着权力，岗位意味着责任，岗位意味着奉献。

范海涛把岗位作为一个载体，作为实现自己价值的平台：把岗位作为提高素质的学台，在实践中学习提高自己；把岗位作为服务的平台，为群众用好权、谋好利；把岗位作为显身手的舞台，发挥岗位的优势，把孟电的事业做到最好；把岗位作为比奉献的擂台，实现好、维护好、发展好职工群众的切身利益。

敬业，就是尽职地热爱孟电的事业，尽责地为人民服务，真正做到敬业这一价值观的要求。范海涛始终坚持做到：干一行爱一行，不挑不拣；爱一行学一行,一丝不苟;学一行专一行,聚精专心;专一行成一行,无私奉献。范海涛回忆,从水泥厂工人到司机,从警察到巡警大队长,从镇领导到村支部书记,到孟电党委书记、董事长,都体现着"四个一行"的敬业精神。

敬业,实质是干事,干事就要干实事、干好事。范海涛深刻领会并认真践行着习近平总书记关于实干兴邦的讲话精神:以愿干提升实干的境界,以敢干展示实干的气魄,以会干增强实干的绩效。一切难题,只有在实干中才能破解;一切办法,只有在实干中才能见效;一切机遇,只有在实干中才能抓住。孟电的可持续发展就是靠实干,实干是发展的推动力。

范海涛一路走来,在不同的岗位上,干一行爱一行,干一行成一行,突显着干实事、会干事、干好事的特点。他真是一位真心实意想干事、博学有才能干事、与时俱进敢干事、脚踏实地干成事、为人民群众干好事的典范。

范海涛在孟电集团干实事、干好事的体会是,靠爱岗敬业的精神,靠踏石留印、抓铁有痕的狠劲,靠滴水穿石、铁杵成针的韧劲,靠逢山开路、遇水架桥的闯劲,才能把事业做得更大更强。

共同描绘发展蓝图

范海涛干事创业的魄力和毅力是大家有目共睹的，他谋发展的艰辛和背后的故事也令人感叹。

初到孟电，他每天工作不分昼夜，时间表的顺序是学习——工作——学习——工作。常常是天一亮就到工地，天黑了，上夜班的工人来接班了，他才回去匆匆吃点饭，晚上在灯下读书学习，攻读经济学、工业管理、统计学等企业管理知识，在不长时间内就取得了经济师资格。

范海涛深知安全是企业发展的关键，他坚持安全第一、预防为主的原则，亲自召开安全事故现场会，组织学习《中华人民共和国安全生产法》，总结分析事故原因，强化职工安全常识。他的工作方式是采取重奖重罚，用"宁听千人骂，不听一家哭"的硬手腕，提高员工的安全意识和思想觉悟，有效制止了事故的发生。他要求孟电集团各级领导坚持两手抓，一手抓安全，一手抓生产，安全、生产两不误。在安全工作上实行一票否决，提高了干部和职工防范事故的意识，避免了习惯性违章现象的发生。

基于范海涛高尚的价值观和爱岗敬业的精神，辉县市委、市政府曾三次下发红头文件，号召全市人民学习艰苦奋斗、顽强拼搏、苦干实干、争创一流的孟电精神，学习范海涛和孟电员工健康向上的心态，奋发有为的追求，大干快上的劲头，忘我奉献的精神。

诚信、友善，在范海涛的价值观中也居于核心地位。

诚信，其含义是诚实且有信用，诚信是诚实和信用的统一体。孔夫子把"信"视为立人之道，曰"人而无信，不知其可"；将信提升为立政之本，曰"民无信不立"。

随着社会的进步、生产力的发展，诚信的内涵与性质也在发生演变。在封建社会里，诚信主要是一个伦理范畴，涉及人们之间的各种关系和社会生活的方方面面。诚信成为调节和规范人们各种社会关系的道德规范。强调诚信，就是强调个人美德，诚信的状况就是由道德伦理的水平来衡量的。

在社会主义市场经济的现代社会里，诚信的内涵不断丰富和发展，它不再仅仅具有伦理性质，而且具有经济性质，同时具有法律性质，诚信成为现代经济运行的一大规则。坚守诚信，就意味着遵守经济规律，依法行事。在市场经济的深入发展中，诚信就是企业道德的根本，是企业在市场竞争中实现发展的核心竞争力。

范海涛谈到社会诚信问题，心情非常激动，痛恨那些诚信缺失的人和事。什么某企业价格欺诈、瘦肉精饲养生猪、染色馒头事件、造假风波、地沟油泛滥……他们都是骗子。

范海涛言而有信，说到做到，为人处世都是言必信、行必果。范海涛是一位言行一致、民不可欺的当家人，凡是他承诺过的事情，就要想尽一切办法去做到，决不能把承诺当成耳边风，权宜之计，出尔反尔。辉县市委常委、组织部长张文亮说：范海涛经营企业有一个明显特色，就是他诚信经营，从不违法。无论是在经营中还是在日常生活中，他没有做过一件违法的事。

孟电集团曾参加一个竞拍活动，范海涛展现出的那种诚信品格，使人难以忘怀。竞拍的头天晚上，同时投标的另外三家公司的老总约好，一起找到范海涛，说：范总，咱们都是同行，明人不说暗话，你给我们每家400万元，明天我们不和你竞争，让你们以最低的价格拿下，这对大家都有好处，你看咋样？范海涛义正词严地回答：这个交易我不做，这个钱你们也别想从我这里拿走！做人做事都有原则，你们还是好自为之吧！

竞拍开始后，现场另外三家公司带着复仇的心态，有意哄抬价格，恶意竞争，范海涛最终拿下这个项目，但和起价相比多出了3000万元。

这个事使一些人想不通，给别人1200万元，自己就可以少拿3000万元，何乐而不为呢？范海涛却说：账不能这样算，多出了3000万元，从企业经营上看似乎是亏了，但从抵制不正之风、抵制社会上腐败堕落现象而言，这钱出得值！同不良现象做斗争，是共产党员的义务、共产党员的责任！

河南孟电集团与南李庄有着永恒的庄户情结和伦理情缘。2008年，孟电集团党委书记范海涛被任命为南李庄村党支部书记，一身二任的范海涛，对有养育之恩的南李庄父老乡亲有深厚的情感。企业发展了，自己富起来了，不能忘本，不能丢下南李庄群众不管。他先后投资100余万元，修路打井，解决了村民吃水难和出行难的问题；又投资8万元，帮助村民参加养老保险，解决了群众的社会保障问题；2013年，出资250多万元，在南李庄社区内建成了生活设施齐全配套的老年公寓，解除了老年人的后顾之忧。

自己富了不算富，自己村富了也不算富。范海涛带领全村都富了，并没有忘记邻村致富问题，1997年出钱出技术帮助小蒲水村建起了蒲东水泥厂，富了起来的小蒲水村响应国家关闭立窑水泥政策，水泥厂依法关闭。孟电集团又招回该村数百名村民进厂务工。

范海涛帮助的不仅是小蒲水村，他还以社会责任感，为新农村建设添薪助力，出资150万元重点帮助解决石门郊村、后李固村、南村东村和南陈马村的民生问题。富裕起来的村民无比感动，人人都感谢范海涛的无私帮助。

范海涛的诚信价值观，还充分地体现在家庭伦理道德观念上。

范海涛的父亲范清荣，自幼丧母，早年以讨饭为生，是一个节俭意识极强的老人。他常教育儿女，“一粥一饭当思来之不易，半丝半缕恒念物力维艰”。范海涛一直发扬父亲勤俭节约之美德。范清荣告诉我们，范海涛至今用的还是200元钱的手机，上班时不肯多开一盏灯，不喝酒已成习惯。省吃俭用，精打细算，外出开会时，吃一碗面条了事。

范海涛是个孝子。他把父母的穿衣尺寸、穿衣习惯牢记于心，总是利用出差机会把老人的衣服买回来。母亲顾族荣说，海涛把孝敬老人的事看得比天大,十几年来,坚持晚上烧水给他爸洗脚,不管再忙都要回家陪他们老两口吃饭。

友善,是范海涛价值观突出的一个表现。他具有极强的友善意识,又有自觉的友善待人行为。他怀着对党、对国家、对社会、对广大人民群众的大爱,践行着社会主义核心价值观。范海涛怀着慈善之心对待他人,他乐善好施,助人为乐,友善之价值观处处发光发热。

据了解,范海涛热心社会公益事业和慈善事业,经常关心帮助弱势群体和困难群众,经常帮助孤寡老人、失学儿童、残疾人,用实际行动弘扬中华民族的传统美德,践行公民友善道德。2012 年 6 月,范海涛被中共河南省委统战部、河南省工商联评为河南省光彩慈善公益功勋人物。

兴华中学校长部运安深有感触地说,2012 年夏季,有 12 名考入大学的困难学生得到孟电集团的救助,每人 2000 元至 3000 元不等。从 2006 年起,孟电集团每年投入扶贫资金 30 万元,对新乡市新中国成立前入党的 102 个困难老党员家庭定点帮扶。孟电集团每年还拿出 50 万元对新乡市贫困职工进行生活补贴。2013 年海涛爱心屋在新乡市社会福利院挂牌,这个机构是以援孤助残为宗旨的,范海涛现场捐赠一台价值 10 万元的救护车和 10 万元的启动资金。

2014 年元月,范海涛带着孟电集团的董事、副总,给福利院送去了价值 3 万元的大米、白面、食油、棉被和 10 万元现金。回来之后他立即召开会议,安排春节几项慰问事宜:各支部和往年一样,去慰问新中国成立前入党的老党员;工会要安排好特困职工的帮扶工作;办公室负责看望有关的特困户并送去面、油和慰问金。这些友善活动,使孟电集团的所有干部职工深受感动和教育。他们说,参加公益活动深受教育,使他们更加懂得知足和感恩。赠人玫瑰,手留余香。做好事、做善事,净化人生、功德无量。集团员工都表示,真心实意向范海涛学习,立足本职工作,敬业爱岗奉献,帮助更多需要帮助的人。

2013年,范海涛参加完全国道德模范颁奖仪式从北京回到郑州后,又发生了感人至深的两件事。

范海涛参加北京全国道德模范颁奖仪式返回到郑州,与获全国道德模范提名奖的谢宇慧同坐在一辆中巴车上,谈话间得知小谢姑娘的母亲因病去世,小谢姑娘一边照顾瘫痪的父亲一边上学,家庭经济来源只能靠低保和学校的一点救济。此情此景,使范海涛很感动,他就趁小谢姑娘不注意,把仅有的1万元塞到了她的外衣口袋里,不料被发现,推让几次小姑娘就是不要。范海涛说这些钱是给你爸爸治病的,你一定要收下,感动得小谢姑娘热泪盈盈。

范海涛在京参加全国道德模范颁奖期间听到一个消息,新乡市评选出的最美新乡人中有一位可亲可敬的残疾妈妈任少云,她用失去双腿的高度残疾身体,支撑起了像京剧李玉和那样一个三口毫无血缘关系的组合家庭。2013年9月28日,范海涛从北京回来后,就与新乡市委宣传领导一同前往获嘉县后李村看望最美妈妈任少云,为她带来米面和5000元慰问金,并决定与任少云结成帮扶对象,资助她的女儿姣姣完成上学梦。看到她家的屋子年久破旧,不遮风雨,又出资18万元,为其购置了新居,感动得任少云说不出话来。

为人民服务的群众观

何谓群众观?简言之,群众观是马克思主义政党对待群众的立场和态度,是党制定路线、方针和政策的根本出发点。群众观是人们对人民群众的历史地位、推动生产力发展的作用及评价标准等的看法和态度。

群众观的主要内容包括:真心实意热爱群众的感情观;一切为了人民,

敬业尽责的服务观;全心全意为人民服务的公仆观;从群众中来,到群众中去的认识观;密切联系群众,一刻也不脱离群众的作风观;问政于民,问需于民,问计于民,拜人民为师的学习观。

与群众打成一片

“人之命在元气,国之命在人心。”自古以来,得民心者得天下,失民心者失天下。人民是历史的创造者,群众是真正的英雄。历史证明,来自人民、根植人民、服务人民,是我们党永远立于不败之地的根本。

民生问题无小事,群众利益大于天,党员干部必须永远把人民放在心中最高位置,尊重人民主体地位,尊重人民首创精神,拜人民为师。真诚倾听群众呼声,真实反映群众愿望,真心关心群众疾苦,依法保障最广大人民群众的根本利益。

作为南李庄村党支部书记、孟电集团党委书记的范海涛经常把群众的安危冷暖放在心上,把民生问题作为头等大事。他把敬民作为思想基础,把亲民作为感情基础,把利民作为物质基础,把靠民作为政治基础,把护民作为廉政基础,始终坚持党的群众路线。孟电集团的职工和周围的村民评价说,范海涛与人民心心相印,与人民同甘共苦,与人民团结奋斗,不断赢得群众的信任和拥护,保持同人民群众的血肉联系。

充满爱心的范海涛,牢记党的全心全意为人民服务的宗旨,坚持为群众做好事,坚持把马克思主义群众观落细、落小、落实。他常说:“一人富,不算富,只有带动更多的人共同富裕,带动更多的企业共同兴旺,才是自己最大的心愿和目标。”

范海涛是这样说的,也是这样做的。在市村级组织活动场所建设中,孟电集团援助水泥2000吨;设立教育基金资助数百名困难学生圆梦大学;

汶川地震发生后,范海涛主动缴纳特殊党费10万元,孟电集团捐款64.8万元支援灾区,玉树地震时再捐资100万元。为了提高美丽乡村建设后备干部素质,投资80万元建设新乡市村级后备干部培训基地。

范海涛作为一名普通党员,怀着造福乡里、富而思源的群众观,把企业发展的命运同党和人民的利益结合起来,在党和人民需要的时候,勇于承担责任,主动分担困难。

"不要认为给群众办了些事自己就有功了,我们是公仆,为群众办事那是应该的。群众的事无小事,再小的事也要当做大事来对待。"范海涛说。

孟庄镇镇长刘国华说,范海涛在群众中的威信为什么那么高?群众为什么拥护他?就是因为他心里时时想着群众,处处关心群众,群众的大事小事都装在他的心里。

孟庄镇小蒲水村党支部书记李自喜提起范海涛时,敬佩地说:"范书记先后四次帮俺村解决困难,给村民留下记忆深刻的有四件没有想到的事。"2002年春,小蒲水村遇着旱天,没水浇地犯了愁,李自喜抱着试试看的心理找到范海涛,范海涛二话不说就答应了,让村民没想到的是地浇完了电费也不收,村民个个竖起了大拇指。

这几年,随着农村家电的增多,小蒲水村又遇到电压不足办不成事的困难,李支书把这事说给范海涛,他又二话没说,当即安排20多个电工,投入30余万元,用不到一周的时间把村里线路改造一遍。这是第二件群众没有想到的事。

过去的小蒲水村与昔日的南李庄一样,吃水难,行路难,但无力改变旧村旧貌。范海涛看在眼里,记在心中,出资给小蒲水村修了1000多米水泥路,打了500米的深水井。这是村民没有想到的第三件事。

范海涛最关心的是辛劳一辈子的老年人,每逢重阳节,他就拿出2万元慰问小蒲水村的210名老年人,老人们打心眼里夸奖范海涛是有孝心的人。这是村民第四件没想到的事。

范海涛无私的群众观,不仅给群众办实事办好事,还为农民创造就业机会。孟电集团先后创造了3000多人的就业岗位,并投资1000多万元修通了孟庄镇到常村的7公里公路,带活了附近村民的运输业、餐饮业、维修业、石油服务业等第三产业的发展,从业人员6000余人。这些举动实现了范海涛“一人富不算富,大家富了才算富”的至理名言。

作为河南省辉县市孟庄镇南李庄村党支部书记,河南孟电集团党委书记、董事长,范海涛被选为第四届全国诚实守信道德模范。习近平总书记的亲切接见、各路记者的轮番采访、无数荣誉的褒奖,使他浮想联翩。在他记忆里,本届54位获奖人中,已有11人去世;全国敬业奉献模范奖中,受表彰的12人中就有6人离开人世。像航天报国英雄罗阳、献身“两弹一星”伟业的林俊清、最美司机吴斌……沉思中的他感到不安,感到活着的人的重大责任和担当。

毛泽东在《纪念白求恩》一文中说:“一个人能力有大小,但只要有这点精神,就是一个高尚的人,一个纯粹的人,一个有道德的人,一个脱离了低级趣味的人,一个有益于人民的人。”范海涛不就是这样的人吗?他是当之无愧的。范海涛和孟电集团获得的荣誉就说明这一点。

范海涛获奖情况:

2004年4月,河南省人民政府授予河南省劳动模范称号;

2004年4月,河南省政协科教文体委员会、河南省科学技术厅、河南省科学技术协会授予河南省十大优秀农村科技致富带头人称号;

2004年4月,共青团河南省委授予河南省新长征突击手称号;

2006年5月,中华全国总工会授予全国五一劳动奖章;

2006年6月,中共河南省委授予河南省优秀共产党员称号;

2007年2月,中共河南省委、河南省人民政府授予河南省优秀民营企业家称号；

2008 年 12 月，中共河南省委宣传部授予感动中原十大人物称号；

2008 年 12 月，河南省发展和改革委员会授予河南省改革开放 30 年民营经济领袖人物称号；

2010 年 4 月，国务院授予全国劳动模范称号；

2011 年 9 月，中华全国总工会、中华全国工商业联合会授予全国关爱员工优秀民营企业家称号；

2012 年 6 月，中共河南省委授予 2010-2012 年全省创先争优优秀共产党员称号；

2013 年 9 月，中宣部、中央文明办等 6 部委授予第四届全国诚实守信道德模范。

孟电集团获奖情况：

1997 年 11 月，中共河南省委、河南省人民政府授予先进乡镇企业称号；

2003 年 12 月，国家农业部授予全国乡镇企业大型企业称号；

2007 年 5 月，河南省总工会授予河南省创建和谐劳动关系模范企业称号；

2007 年 7 月，中共河南省委组织部授予全省非公有制企业党建工作示范点称号；

2008 年 3 月，中共河南省委宣传部、河南省文明办授予思想道德建设先进单位称号；

2008 年 6 月，中共河南省委组织部授予全省五好基层党组织称号；

2008 年 11 月，河南省发展和改革委员会授予河南省最佳先进单位称号；

2009 年 5 月，河南省人民政府授予河南省优秀民营企业称号；

2010 年 3 月，河南省总工会、河南省发展和改革委员会授予河南省重点工程建设先进单位称号；

2010 年 4 月,中华全国总工会授予模范职工之家称号;

2010 年 6 月,中共河南省委组织部授予全省五好基层党组织称号;

2011 年 6 月,中共中央组织部授予全国先进基层党组织称号;

2012 年 2 月,河南省人民政府授予河南省 2012 年度百强企业称号;

2013 年 12 月,被人力资源与社会保障部、中华全国工商联、中华全国总工会评为全国就业与社会保障先进民营企业。

2014 年春节刚过,第二批党的群众路线教育实践活动在全国展开,像一声春雷,惊醒大地,万物复苏,春潮涌动。

谈到群众路线教育实践活动时,范海涛说,一定深入到基层,深入到农村支部。这是因为群众路线是关系到党执政的群众基础,关系到党的生死存亡的大问题。如今,他的愿望实现了,同时他又深深地思索……

在群众路线教育实践活动第二阶段,范海涛认为,这个教育一定要以焦裕禄为镜,深入学习焦裕禄的精神意志,照镜子,正衣冠,洗洗澡,治治病。我们一定要树立为民务实清廉的标杆和榜样,把焦裕禄精神作为一条红线贯穿活动始终,做到深学、细照、笃行。范海涛决心做焦裕禄式的好干部,学习焦裕禄那样的精神:心中装着全体人民、唯独没有他自己的公仆情怀;凡事探求就里、吃别人嚼过的馍没味道的求实作风;敢教日月换新天、革命者要在困难面前逞英雄的奋斗精神;艰苦朴素、廉洁奉公、任何时候都不搞特殊化的道德情操。

2014 年 4 月,正是孟电集团党委群众路线教育实践活动的学习阶段,我们又来到孟电集团,这里与年前相比发生了一些变化。乘坐电梯上到范海涛办公楼三层,办公楼三层走廊南墙上新挂了图文并茂的四个条幅,上面写着“廉洁为基,诚信为本,公正为魂,务实为要”16 个大字。孟电集团党委副书记王文学把我们引领到范海涛办公室对面的会议室。会议室东墙上有一尺大小两行红色宋体字,上行是“严以修身、严以用权、严以律己”,

下行是“谋事要实、创业要实、做人要实”。这正是习近平总书记对全党作风建设“三严三实”的新要求。

这些变化，从形式上看，是与第二批群众路线教育实践活动相联系；从内容上看，强化了孟电人思想理论的政治生态建设。由此看出，范海涛崇高的人生观、价值观和群众观在群众路线教育实践活动中发挥了更强的引领作用。

重温宣誓词，坚定人生路

第十章 代表责任：为国为民的情怀

人大代表要摆正好位置，是代表人民来开会的，不能总是谈自己的工作，谈自己的利益，而是要更多地为国家、为社会、为民众建言献策。

——范海涛

2013年3月5日,北京,人民大会堂万人大礼堂,灯火辉煌,气氛庄重热烈,主席台帷幕中央国徽高悬,10面鲜艳的红旗分立两侧。上午9时,十二届全国人大一次会议开幕,全体起立,在军乐队的伴奏下全场高唱中华人民共和国国歌……

此刻,作为一名新当选十二届全国人大代表的范海涛,从太行山脚下踏入这个万众瞩目的神圣殿堂,他热血沸腾,思绪万千。他内心深处升腾出的除了对党和国家、人民的满腔感激之情,还有神圣的使命和责任。那一刻,他热泪盈眶……

人大代表,责任大于荣誉

在有些人看来,全国人大代表能够与党和国家领导人一起共商国是,行使权力,是一种崇高的荣誉。范海涛坦言,最初当选人大代表的时候,觉得是一种荣誉。随着对人大工作的了解和认识的提高,他感到这种荣誉也是一份沉甸甸的责任。

范海涛认为,人大代表不是单纯一个荣誉称号,而是职务,更多的是责任,人民群众看重的,也是代表的履职实效。一个代表应该带着浓厚的感情、强烈的责任感行使自己的权力,做好本职工作的同时,应该做好代表工作,根据地方实际,提出建议和方案,使国家在制定方针政策的时候能够更好地符合国情和民情,也是人大代表管理国家事务的最好形式。

人大代表由选民选举产生,肩负着代表人民参与管理国家事务的神圣使命,是人民代表大会的主体。人大代表的素质水平、履职能力,直接关系到人民代表大会制度作用的发挥。人大代表来自人民群众,离开了人民群众,人大代表就成了无源之水,无本之木。人大代表必须为人民说话,为人民办事。正所谓"人民选我当代表,我当代表为人民"。

谈及人大代表在会议期间的职责,范海涛说:"人大代表要摆正好位置,是代表人民来开会的,不能总是谈自己的工作,谈自己的利益,而是要更多地为国家、为社会、为民众建言献策。我也在网上看到个别代表的'雷人雷语'。作为代表来说,说些没有调查研究、严重脱离实际的'雷语',缺少应有的责任心。"

范海涛认为,学习、调研加思考,是当好代表三件宝。全国人大代表要在认真学习的基础上,本着对党、对国家、对人民高度负责的精神,也本着对选举单位和自己负责的精神,以崇高的责任感和使命感,在调查研究、认真准备的基础上提出议案和建议。

人民代表来自人民,情系人民,肩负人民的重托,心系人民的梦想。作为十二届全国人大代表,范海涛忠实履行使命和职责,积极建言献策,先后撰写议案建议 20 多件,为自己的人大代表身份交上了一份满意的答卷。同时,为了全国人大代表这一神圣职责,作为农村基层干部的范海涛,在闭会期间,除做好本职工作外,还经常深入农村和企事业单位做调查研究,召开不同类型的座谈会,了解社会普遍关注的问题和人民群众的意愿。每年两会召开前夕,为更好地履行全国人大代表的职责,反映农民群众的呼声,范海涛做了大量认真细致的准备工作,他走进田间地头,街头巷尾,察民情、听民声,收集了大量第一手信息,形成了初步观点和建议。

情系 2013 年两会

2013 年 3 月 5 日,庄严肃穆的人民大会堂,范海涛认真地聆听温家宝总理所做的《政府工作报告》。

作为一名新当选的全国人大代表，范海涛深感责任重大，使命光荣。他说：代表是人民群众选的，我要对得起人民群众沉甸甸的信任。只有沉得深、群众呼声听得多、情况吃得透，才能为民讲真话、说实话、代诤言。

在2013年全国两会上，范海涛就城镇化中农民就业、环境保护、农村贫困群众养老等问题，向大会提出了“关于加快推进农村贫困群众阶段性集中供养工作的建议”“关于建立完善农业转移人口市民化成本合理分担机制的建议”“关于支持河南省开展大用户直购电的建议”“关于稳步推进农村承包土地经营权确权登记颁证工作的建议”等多项高质量的建议和意见。

2013年3月9日，中共中央政治局常委、国务院副总理李克强来到十二届全国人大一次会议河南代表团，与代表们共同审议工作报告。李克强在河南工作了7年，对河南人民有着深厚的感情，他一进会场就与代表们逐一握手。范海涛向李克强简要汇报了孟电集团支持新农村建设，出资1.6亿元为351户村民无偿建造别墅的情况。李克强紧紧握着范海涛的手说：你做了一件善事，好，非常好。李克强嘱托范海涛要带领群众共同致富齐奔小康，在经济社会发展中再立新功。

情系2014年两会

2014年3月5日，举世瞩目的十二届全国人大二次会议在人民大会堂召开。

李克强总理的《政府工作报告》让范海涛心潮澎湃。

3月5日晚上，新乡电视台《直播新乡》栏目记者就全国两会“听报告谈想法”问题专访了全国人大代表范海涛。

范海涛说：“今天上午我们参加了十二届全国人大二次会议开幕式，听了李克强总理的《政府工作报告》,整个报告贯穿了很多内容,全场的气氛特别热烈,引起了代表的43次掌声。当听到总理做的报告涉及淘汰落后产能这一部分,作为一名企业家,我感到特别振奋。我们的落后产能,包括环境治理,确实应该摆到议事日程上,这是关系到国计民生的问题,也可以说是关系到我们每个人的生存质量的问题,我们会按照中央的要求,加大淘汰落后产能的力度。”

让范海涛尤为振奋的是民生这一块。民生问题包括收入分配,包括控制房价,包括农民的权益保障、公民利益保障,报告方方面面都讲到了,都安排到了,布置到了。范海涛感觉报告非常切合实际,非常有可操作性。他表示要学习好、贯彻好、落实好,争取让群众过上幸福、安宁、和谐的幸福生活。

在2014年两会上,范海涛不仅提出了“关于规范各类奖项评选活动的建议”“关于发挥行业协会作用、规范行为的建议”“关于合理分配中央和地方财税收入比例的建议”“关于加强农村环保治理工作的建议”“关于加强农田水利基础设施建设的建议”“关于解决药品价格虚高有效缓解群众看病贵问题的建议”“关于解决法院审结后执行难的建议”“关于修订完善社会抚养费征收管理办法的建议”等10多项建议和意见,并联合其他全国人大代表,提出了“关于制定《网络管理法》的议案”和“关于制定《幼儿教育法》的议案”等两个有分量的议案。

范海涛在本次会议上提出的建议、议案,不仅涉及政治、经济、社会、民生等问题,而且特别关注农村、农业、农民问题,同时建议和议案的质量也比较高。这体现出范海涛作为全国人大代表不仅忠实履职尽责,而且管理国家事务的能力和水平也在不断提高。

“小书记”与“大书记”的握手

2014年3月7日上午,人民大会堂西大厅,灯光璀璨,春意融融。带着对1亿河南人民的关心,带着对河南改革发展的重视,中共中央政治局常委、中央纪委书记王岐山来到河南代表团,与代表们共同审议《政府工作报告》。

河南代表谢伏瞻、万隆、蔡宁、马懿、范海涛、凌解放等围绕河南经济社会发展及三大国家战略实施、推进农业现代化、全面推进反腐倡廉、郑州争取构筑丝绸之路经济带重要桥头堡、农村改革等问题先后发言。王岐山仔细记录,不时插话,倾心回应,与大家互动交流。其睿智的思想、风趣的谈吐,不时赢得热烈掌声,会场气氛轻松活跃。

全国人大代表范海涛是第五个发言的。他没有准备发言稿,完全是自由发挥。

在范海涛长达半个多小时的发言中,坐在范海涛斜对面的王岐山一直认真地听,不时地点头,偶尔还插几句话。当范海涛结合《政府工作报告》中讲向贫困宣战的内容,讲述自己村是如何带领群众致富时,王岐山很感兴趣。他看了看发言的名单,说:“海涛? 范书记? 我就称你范书记吧。”然后就开始聊。其间,王岐山解释道:“我为啥叫你范书记? 因为你是我们共产党最基层的书记,党的方针政策要靠你们落实,你们很重要啊!”

幽默、随和、平易近人,是范海涛对王岐山的最深刻印象。范海涛回忆:“俺俩基本面对面,他对着我说,我在听,在回应;我看着他说,他在听,在点头,俺俩对话足足有半个小时。他非常了解基层、民情和经济,社会的方方面面,你谈什么他都知道,根本不用再去问你什么。”

范海涛清楚地记得,在他发言结束后,王岐山询问河南团里有没有来自贫困县的代表。他说,《政府工作报告》明确提出,要继续向贫困宣战,决不让贫困代代相传。河南是农业大省,他自己也一直有着浓厚的“三农”情结。扶贫一要解决认识问题,二要创新方式方法。在认真听取代表发言后,王岐山就《政府工作报告》、党风廉政建设做了重要讲话。

会议结束的时候,已近中午,王岐山即将离席,范海涛就追着跑了过去:“王书记,‘大书记’不跟‘小书记’握握手?”听到范海涛的请求,王岐山开怀大笑,紧紧握住了范海涛的手。

人大代表,一种神圣的职责,一个光荣的职务。每年的全国人大会召开前,范海涛都要安排充足的时间,对人民群众关心的一些热点、难点问题,有针对性、有重点地进行实地考察和调研,并认真写出高质量的代表议案和建议。

范海涛认为,做好人大代表,就要代表人民的利益,反映人民的意愿,以实现人民的利益为已任。他牢固树立群众观念,不脱离群众,不论工作多忙,都积极参加代表视察活动、代表接待活动,倾听群众的意愿和要求,及时了解人民群众的所想、所盼、所求。多年来,他始终把为人民群众排忧解难作为义不容辞的责任,处处为群众着想,时刻把群众的安危和冷暖挂在心上,诚心诚意去关心和解决人民群众反映的困难和问题,特别是对于一些弱势群体,困难群众,他总是伸出慷慨之手。他以满腔热情和实际行动,努力践行一位全国人大代表的神圣职责!

第十一章 时代梦想：道德模范的中国梦

农村的群众可能一年难得见上一面县长、县委书记，但能天天见到村支部书记。所以，村支部书记是党联系最基层群众的形象代言人，要做到清廉务实为民，村支部书记首先要做好表率。

——范海涛

5月的太行山,层峦叠翠,万木葱茏,生机盎然。

太行山下的孟电集团,高耸的凉水塔、壮观的发电机组、巨龙般的水泥窑,在明媚阳光的照耀下,如同一座座丰碑,在孟庄大地上书写着一个又一个辉煌。

向多元化奋进

从1987年的小火电厂,到现在以电力、热力、水泥、房地产为主导产业的大型现代化企业集团,孟电集团走过了20多年的腾飞之路。

作为孟电集团的核心成员企业孟电集团热力有限公司,现拥有投资26亿元的2×30万千瓦热电机组项目。另一核心企业孟电集团水泥有限公司,拥有6条国内一流的新型干法旋窑生产线,年产量可达700万吨,是河南最大的干法水泥生产基地。

范海涛认为,市场经济的主体是企业,技术创新的主体是企业,形成自主知识产权的主体同样是企业。多年来,孟电集团始终以市场为导向,以提高经济效益、社会效益、环境效益为目的,坚持产学研相结合,不断转变经济发展方式,取得了良好的经济效益和社会效益。

孟电集团的工程技术人员通过研发,首次将变频调速技术应用于窑头、分解炉喂煤输送系统的罗茨风机及窑头四通道喷煤管净风罗茨风机的调速上,收到节电、风煤调节方便快捷、降低噪声等良好效果,在国内同行业尚属首创。

孟电集团一直视建设资源节约型、环境友好型企业为己任。他们把电力生产产生的粉煤灰作为生产水泥的原材料,实现了变废为宝,成功打造了热电联产——干法水泥——房地产的产业链条,实现了循环经济发展。

在节能减排和技改创新工作中,孟电集团投资 1.7 亿元,在全省首次建成两台纯低温余热发电机组,每年可发电 1 亿千瓦时,节约原煤 6 万余吨,年可减排有害气体 12.6 万吨,创造直接经济效益 5000 多万元。

孟电集团投资 26 亿元的 2×30 万千瓦热电机组,年节约原煤 42 万吨,脱硫脱硝同步建设,可减排二氧化硫 1.5 万吨。同时,孟电集团以零利润对辉县市区群众集中供热,可关停 160 多台小锅炉。孟电集团在压小上大的同时,投资 8000 万元收购了经营日处理 5 万吨的辉县市污水处理厂,为当地的环境保护做出了贡献。

2005 年,孟电集团审时度势,吹响了向房地产行业进军的号角,河南孟电集团恒达房地产开发有限公司应运而生,成为河南孟电集团下属六家公司之一。恒达房地产成立伊始,就时刻关注着辉县人民的人居环境,始终以打造本土人居典范为己任,坚持用心于品质构建,致力于为改善辉县人居环境,为辉县人民打造高品位、高品质的生活小区。恒达房地产先后开发了孟电花园、孟电文昌花园、滨河湾小区、欧洲小镇、孟电水晶城、城市花园小区、滨河新城、天鹅堡等近 10 个房地产项目,为辉县乃至新乡市的城镇化建设做出了积极贡献,也为孟电集团的多元化发展,探索出一条成功之路。

向幸福美丽的明天前进

一切为了群众,一切依靠群众,从群众中来,到群众中去。这是党的群众路线的基本内容。对于正在开展的群众路线教育实践活动,身兼南李庄村党支部书记的范海涛有着清醒的认识。范海涛说,农村的群众可能一年难得见上一面县长、县委书记,但能天天见到村支部书记。所以,村支部书记是党联系最基层群众的形象代言人，要做到清廉务实为民，村支部书记首先要做好表率。

能够出巨资为村民建别墅，清廉自不用说。但能不能为百姓谋福利、带领群众致富，是范海涛作为基层领导的能力和本事的表现。

新社区建成后，范海涛把160间门面房全部留作南李庄的集体资产，仅这一项每年可为社区增收200多万元；2011年，孟电集团再次出资3000万元，利用建新村节约出来的70亩土地，建设服务中心和家居建材城，每年又可增收300多万元，还能提供500多个就业岗位；2014年以来，又帮助南李庄规划建设了建材市场二期和农贸市场，南李庄人均再增收1万元，达到2.5万元。

目前该村户均年收入达8万元以上，基本消灭了贫困户。该村集体经济雄厚，2014年年底将达到1500万元，使党的基层组织具备了持续为群众办实事、办好事的能力，增强了党组织的凝聚力。全村351户、1200人全部住上了现代化别墅式新房，70%的家庭都有私家车，群众真正过上了城市人的生活。范海涛担任村支书6年来，解决了盖房难、致富难、养老难农村群众的“三大难”，把群众带上了一条通往现代化的幸福大道。

据测算，南李庄村民的幸福指数已经走在了新乡市农村的最前列。而且，随着南李庄集体经济的逐步壮大，南李庄的明天将会更加美好！

开创孟电新局面

在范海涛的办公室书架上，摆满了时政类、经济类图书。范海涛是一个精力充沛、目光敏锐的人。孟电集团的每一次飞跃，都是范海涛深思熟虑、果断决策的成果。对于孟电集团今后的发展，范海涛显得充满激情而又理智稳重。

范海涛说,当前我国正处在全面深化改革的重大机遇期。十八届三中全会提出了一系列全面深化改革的举措,增强了全国人民在党的领导下走中国特色社会主义道路、实现中华民族伟大复兴的信心和力量。特别是十八届三中全会通过的《中共中央关于全面深化改革若干重大问题的决定》指出,必须毫不动摇鼓励、支持、引导非公有制经济发展,激发非公有制经济活力和创造力;废除对非公有制经济各种形式的不合理规定,消除各种隐性壁垒,制定非公有制企业进入特许经营领域具体办法;建设统一开放、竞争有序的市场体系,使市场在资源配置中起决定性作用,着力清除市场壁垒,提高资源配置效率和公平性,推进水、石油、天然气、电力、交通、电信等领域价格改革,放开竞争性环节价格等。这些政策和举措,对孟电集团来说,是重大的"红利"。

最近一段时间以来,范海涛多次与董事会成员沟通考察,计划投资几个符合国家产业政策、符合孟电实际的低耗能、污染小、科技含量高的产业项目,奋力开创集团发展新局面,进一步叫响孟电品牌,为辉县市经济社会发展做出积极贡献。

"长风破浪会有时,直挂云帆济沧海。"孟电集团和南李庄村在范海涛的带领下,正向着更加美好、更加美丽、更加富裕的明天航进!

尾声：写不完的榜样，用不尽的能量

2013年9月26日，中央文明委公布第四届全国道德模范榜单，范海涛荣获全国诚实守信模范荣誉称号。

当日下午3时许，中共中央总书记、国家主席、中央军委主席习近平来到京西宾馆会议楼前厅，亲切会见第四届全国道德模范及提名奖获得者，与他们握手并合影留念，代表党中央、国务院、中央军委，向光荣当选的全国道德模范表示热烈的祝贺和崇高的敬意。

当晚，由中央宣传部、中央文明办、解放军总政治部、全国总工会、共青团中央、全国妇联共同主办的第四届全国道德模范评选表彰颁奖典礼——“圆中国梦，德耀中华”在北京举行。范海涛的感人事迹通过中央电视台的直播画面，走进千家万户，传遍大江南北。

坐在电视机前的笔者，也与全国人民一样，深深被范海涛的事迹感动着，同时也为中原大地又出现一位全国道德模范感到自豪而鼓舞。于是，半个月后，在正在河南省委党校参加学习的辉县市政协主席郭清怀的引荐下，我们一行来到孟电集团、辉县市南李庄村调研。

那是一个深秋的上午，秋高气爽，惠风和畅。我们驱车从郑州出发，一个多小时的路程就到达辉县孟电集团。在孟电集团党委副书记王文学的引导下,我们直接进了孟电集团党委书记范海涛的办公室,与我们仰慕已久的全国人大代表、全国道德模范、全国劳动模范范海涛有了第一次的“亲密接触”。

在以后的数月里,我们又多次赶赴孟电集团、南李庄村,与范海涛多次长谈,与范海涛的父亲范清荣、母亲顾族荣交流,与孟电集团班子成员、南李庄村委会成员座谈,并深入到乡镇、警营、生产车间和村民家中,走访基层干部、警察、工人和农民,了解到许多丰富、鲜活的情节,掌握了大量、翔实的材料。在调研、走访过程中,我们一直被感动着、震撼着。我们前期撰写的报告文学《太行赞歌》先后刊登在《河南工人日报》2014 年 1 月 29 日头版、《时代报告》2014 年第 2 期、《北方名家》2014 年第 4 期。

《太行赞歌》刊出后,影响深远,反响热烈,超出了我们的意料。在一些领导和作家的建议下,我们萌发了创作范海涛事迹的传记作品《观海听涛》的激情和动力。

又经过大量的采访、调研后,一个个跳跃着激情、闪耀着灵光的文字,终于在电脑中码成了纪实报告文学作品——《观海听涛》。《观海听涛》与其说是范海涛的成长历程和先进事迹的展现,不如说是我们身心得到净化和升华的一段心路历程。在采访和写作过程中,我们一直被深深感动着……

感动之一,坚信党的领导,听党的话,党叫干啥就干啥。在采访的过程中,我们听到范海涛说得最多的就是听党的话,党叫干啥就干啥。范海涛从水泥厂到公安局,一直兢兢业业,表现优秀。正当他事业如日中天时,却被领导动员回孟电集团担任负责人。他服从安排,来到孟电集团,带领集团干部职工,走上了一条可持续发展的科学大道。因为他的家庭背景和他的成长与党有着深厚的关系。他感激共产党,没有共产党就没有他的一切,认定要跟共产党走。党叫干啥就干啥是贯穿他生命中的一条主线,这正是他能干事、能成事的根本所在。

感动之二,识大局顾整体,服从国家需要不讲价钱。经过20年的努力,孟庄电厂从6000千瓦的发电机组容量发展到17.5万千瓦,在辉县可谓是首屈一指。然而,孟庄电厂依然没有走出小的圈子,属于压小的范围。是毁掉小电厂重建新电厂,还是维持运行等等看?这是摆在范海涛面前的两条路。当时国家还没有明令禁止小电厂关停,只是提倡走规模发展的道路,观望一阵子还是可以的。范海涛没有等待观望,认为长痛不如短痛,毅然决然选择了炸掉小电厂,开辟新天地。2007年10月26日,在电厂引爆的过程中有多少人留下了眼泪,留在范海涛心里的痛更是无法言表。从这件事可以看出他的大局意识、责任意识是多么的强烈,关键时刻,讲大局,讲政治比什么都重要!17.5万千瓦电厂的爆破换来了2×30万千瓦节能减排的新电厂,范海涛在压小上大中又带了一个好头。

感动之三,坚持群众路线,两代人三任村支书。范海涛的父亲范清荣1957年起开始担任南李庄党支部书记,他从上任带领大家艰苦创业,一干就是18年,集体经济稳步发展,南李庄成了远近闻名的先进村。1975年工作需要,范清荣到公社任党委副书记离开了南李庄,之后15年内南李庄换了7任党支部书记,乡政府只得派驻工作队解决难题。1992年,乡政府工作队经过深入调查研究,广泛听取群众意见,决定报上级党组织批准任命范海涛的母亲顾族荣为南李庄党支部书记。这位敢于担当的老党员不辱使命,发动群众先后建起了水泥预制厂和小型轧钢厂等村办企业,两年盈利50多万元,南李庄又日益红火起来。现在,范海涛从父辈手中接过接力棒,成为南李庄的党支部书记,他带领乡亲们走上了一条小康之路。一家两代人三人任村支书,他们靠着坚定的信念带领群众实现了致富梦想,表现出共产党员应有的胸怀和高贵品质。

感动之四,致富不忘群众,带领大家实现共同富裕。我们在采访中,从范家两代人那里听到最多的是“少数人富不叫富,大家富才是富”这句话。改革开放营造了经济发展的良好氛围,让一部分人先富了起来,范氏家族艰苦创业也得到了他们应该得到的那一部分,实事求是地说,他们富了。不同人有不同人的财富观,范家父子想的是要让南李庄的村民都过上好日子。2010 年年初,范海涛决定拿出 1.6 亿元改造南李庄,新建农民住宅小区。只用了 8 个月时间,南李庄社区建成了,351 户村民,统一两层复式别墅,面积 240 平方米~270 平方米,还有 60 平方米的地下室,令人震惊的是,这些都是免费的。“少数人富不叫富,大家富才是富”的理念,深深根植在范海涛心里,这些年他为群众办了许多实事好事,让周边的人充分享受到改革开放的成果,赢得荣誉和信赖,为我们党增了光、添了彩。

感动之五,小事彰显品德,懂得感恩的人事业才能成功。在采访范清荣时,老人家说了一件事让我们至今不忘。范清荣老人说,范海涛是一个大孝子,常年以来,每天睡觉前都是海涛为老人家洗脚,现在孙子大了接替了海涛这份孝心,若是孙子不在家还是海涛为他洗。为老人洗脚固然算不上一件大事,但是,小事可以见精神,小事可以彰显一个人的品德。父爱重如山,母爱深似海,一个连自己父母都不爱的人怎么能爱员工?没有员工的努力打拼,这个企业又怎么能发展起来呢?给父母亲洗脚,折射出构建知恩必报氛围的巨大力量。范海涛坚持常年为老父亲洗脚,是他良好道德品质的展现,更是他事业成功的根基。

范海涛的故事远比我们描写的丰富,范海涛的精神远比我们感慨的高尚,范海涛的故事没有结束,范海涛的精神一直在发扬光大。但愿这部作品让更多的党员干部、更多的企业家、更多的社会大众，能够从范海涛的先进事迹上，汲取丰富的道德营养，以范海涛为榜样，做一个爱国、敬业、诚信、友爱的公民！

附录

中共新乡市委关于开展向范海涛同志学习活动的决定

新文〔2012〕126 号

范海涛同志是辉县市孟庄镇南李庄村党支部书记、南李庄社区党总支书记，河南孟电集团董事长、党委书记、总经理。多年来，他在基层党组织书记岗位上，坚守共产党人的信仰，保持共产党人的纯洁，实践共产党人的宗旨，担当共产党人的责任，为党争光，为民解难，传承美德，服务社会，在平凡的岗位上作出了突出贡献，荣获全国劳动模范、河南省优秀共产党员、感动中原十大人物等称号及全国五一劳动奖章，当选十一届河南省人大常委会委员。河南孟电集团党委荣获全国先进基层党组织称号。

范海涛同志是新乡先进群体的优秀代表，是基层党员干部学习的榜样，是践行科学发展观的时代楷模。当前全市上下正在认真学习贯彻党的十八大精神，全面贯彻落实科学发展观。学习范海涛同志的先进事迹，对于加强党的执政能力建设、先进性和纯洁性建设，构建社会主义核心价值体系，加快建设中原经济区强市，具有十分重要的现实意义。为此，市委决定，在全市广泛开展向范海涛同志学习的活动。

要学习他对党忠诚、永葆先进、坚守共产党人精神追求的坚定信念。范海涛同志入党近 30 年来，无论是在公安干警，还是在企业负责人、村党支部书记岗位上，始终身体力行共产党人的理想追求和道德情操，奉献党的事业，践行党的宗旨，维护党的形象，展现了新时期基层党员干部的精神风貌。他出生在一个农村基层党支部书记家庭，父亲和母亲先后任村党支部书记，父辈的经历和教诲铸就了他简单朴素却又至纯至刚的政治信仰：党为人民谋福利，所以我爱这个党；我爱这个党，所以我要为群众谋福利。他竭尽全力为群众谋幸福，就为了让老百姓说一声共产党好。他坚持把党的建设作为最实的投入、最大的财富、最好的资源、最亮的品牌、最高的境界，让党旗始终在生产一线高高飘扬。学习范海涛同志，就要像他那样，牢固树立正确的世界观、权力观、事业观，始终坚定中国特色社会主义理想信念，更加坚定地与党中央保持高度一致，做到与党同心、与人民同向、与时代同步，矢志不渝为中国特色社会主义共同理想而奋斗。

要学习他艰苦奋斗、与时俱进、推动科学发展的进取精神。范海涛同志始终把加快发展、科学发展作为第一要务，抢抓机遇、埋头苦干、开拓创新、奋力拼搏，不断推动企业做大做强，带领群众共同富裕。他任孟电集团总经理之后，全力推动孟电二次创业，短短5年多时间新上6条干法水泥生产线，使水泥年产量达700万吨，使企业成为河南省最大的干法水泥生产基地。他顾全大局，积极响应国家“上大压小、节能减排”政策，主动爆破拆除了17.5万千瓦的8台小火电机组，同时投资26亿元建成了2×30万千瓦热电机组项目，把孟电集团发展成为固定资产50亿元、集发电水泥房地产于一体、年上缴税金超亿元的现代化企业集团。学习范海涛同志，就要像他那样，始终坚持科学发展不动摇，加快推进转型发展、跨越发展、和谐发展，努力探索两不三新、三化协调发展路子，在建设中原经济区中有所作为、率先崛起、走在前列，加快建设幸福新乡和中原经济区强市，力争在全省率先实现全面建成小康社会的目标。

要学习他奉献社会、造福人民、勇于担当社会责任的崇高追求。范海涛同志作为一名基层农村带头人，始终牢记宗旨，情注家乡，心系百姓，奉献社会。他时刻把群众疾苦放在心中,南李庄300多户人家,谁家的日子过得怎么样,他都一清二楚。他投资1.6亿元无偿为全村351户人家每户建一套叠加别墅,投资3000万元为村民建起了家居建材市场,让全村群众住上了现代化新社区,走上了共同富裕道路。他每年帮助慰问全市新中国成立前老党员和困难党员,每年拿出50万元为全市贫困职工贴补生活,设立了200万元的教育专项基金帮助贫困学子。对孟庄镇2000多家企业实行特价供电,降低企业生产成本,带动一方经济发展。在2010年煤价上涨、煤电倒挂的形势下,集团亏损近亿元仍坚持发电,受到了省委书记卢展工的高度评价。学习范海涛同志,就要像他那样,牢固树立全心全意为人民服务的宗旨,始终坚持以人为本、执政为民,把实现人民群众的长远利益、根本利益与现实利益、具体利益结合起来,高度重视民生改善,使改革发展成果更多更公平惠及广大城乡居民。

要学习他传承美德、砥砺品行、以质朴之为力行社会主义道德的高尚情操。范海涛同志多年如一日播撒爱心、助人解难的先进事迹和崇高品德,深深植根于党的优良传统和伟大民族精神之中,有力弘扬了民族精神和时代精神,生动诠释了社会主义核心价值体系。他为人至孝,肩挑企业和村里繁忙事务,却经常抽出时间陪年迈父母吃顿饭、说说话,为他们洗洗脚。他怜恤弱者,不愿看见别人作难,不忍看见别人受苦。他非常节俭,办有发电厂却不肯多开一盏灯。他对自己极度抠门,却向社会各界捐款捐物价值2亿多元。学习范海涛同志,就要像他那样,传承中华民族美德,弘扬社会主义道德,模范践行社会主义荣辱观,讲党性、重品行、做表率,做社会主义道德的示范者、诚信风尚的引领者、公平正义的维护者,以实际行动彰显共产党人的人格力量。

当前,我市正处于全面学习贯彻党的十八大精神、大力推动中原经济区强市建设的关键时期。全市各级党组织要深入开展向范海涛同志学习活动，精心组织，周密安排，扎实推进。要把学习活动与深入学习贯彻党的十八大精神结合起来，与中央正在部署开展的以为民务实清廉为主要内容的党的群众路线教育实践活动结合起来，与学习弘扬新乡先进群体精神结合起来，与做好当前各项工作结合起来，务求取得实实在在的效果。要采取多种形式，大力宣传范海涛同志的先进事迹，努力营造学习先进、崇尚先进、争当先进的浓厚氛围。全市广大党员干部要以范海涛同志为榜样，立足本职岗位，积极奋发进取，凝聚更大力量，勇于攻坚克难，坚定不移沿着中国特色社会主义道路前进，为建设中原经济区强市而努力奋斗！

（2012 年 11 月 30 日）

范海涛：心中有信仰　致富不忘乡

共产党员范海涛，上上下下对他评价就一个字：好！

范海涛好在哪里？

省委书记说，煤价上涨，发电亏损，可他的企业一台机组都未停。这就是社会责任感，这就是共产党员的境界和胸怀！

市委宣传部长说，他的价值观，他的精神追求，把我们的心灵打动！

青年干部卢明说，范海涛是个榜样。他用行动告诉我们，如何做，才能有益于国家、有益于人民。

村民几乎异口同声地说，从他身上，我们真正感受到了党的政策好，党的基层干部好！

支书范海涛：下决心让村民过上幸福生活

范海涛有两个身份：一个是河南省新乡市辉县市孟庄镇南李庄村党支部书记；一个是河南孟电集团党委书记、总经理。

有意思的是，当年辉县市委决定任命范海涛担任村党支部书记时，他的前任有母亲顾族荣和父亲范清荣。

范清荣新中国成立初期当上南李庄村支书。几年奋斗，他把一个烂摊子村变成了有名的千斤粮、万斤菜村。他接手经营镇上面临倒闭的轧钢厂,建成了全国乡镇装机容量最大的电厂——孟电集团。

后来,顾族荣接任南李庄村党支部书记。她创办多家企业,让南李庄成了远近闻名的富裕村。

2008 年 10 月,年轻的范海涛接过了支部书记这根沉甸甸的接力棒。

几年下来,范海涛把村里晴天扬灰、雨天和泥的道路修成了宽敞平坦的水泥路;他把一家一户的饮水小压井变成了深井供应的自来水……

2010 年,他下决心要让村民彻底改变居住条件,过上城里人一样的幸福生活。

一天晚上,范家开了一个特殊的家庭会议。村里两任支书——范海涛的父母亲都来听儿子的汇报。

"爸、妈,我已经决定了,让乡亲们住上好房子,不能再等了!"

"确实该干了,我和你妈也是这个心愿,让街坊邻居住上好房子。"

家庭会议做出决定,拿出 1.6 亿元为全体村民建新型社区,让全村 351 户居民都住上设施齐全、外观漂亮的叠加别墅。

仅仅 8 个月时间,旧村庄变成了最时髦的现代化居民社区。社区内道路平坦开阔,绿树成林……

经理范海涛:宁可损失 10 个亿,也要为生态文明做贡献

10 多年前,数十公里外朗朗青天,到了辉县市却云遮雾罩,烟尘弥漫天空,人称"灰县"。

当时,孟电集团也以孟电精神、孟电速度建成了多条日产 1000 吨的水泥生产线。

太行生态环境污染引起党和政府的关注,治理污染刻不容缓!但是,谁能带头做出牺牲,为治理污染带个头呢?

关键时刻,挺身而出的是范海涛!

孟电集团率先炸掉了3条立窑水泥生产线,拉开了辉县市乃至新乡市关停小水泥厂的序幕。在他们的带动下,两年间,辉县市爆破拆除了65家水泥企业的114条立窑生产线,关闭、搬迁了170多家碎石场。

接着,孟电集团炸掉用20年心血建成的8台机组的6座冷水塔和3座烟囱,企业牺牲了10多亿元。

这是全国第一家对小火电机组实施爆破拆除的民营企业,中央电视台向全国现场直播实况。

如今,辉县市万山披绿,白云悠悠,空气清新,碧波清流。一名共产党员的境界和胸怀,在辉县的蓝天白云中得到了生动的体现。

好人范海涛:资助贫困学子圆大学梦,帮助群众渡过生活难关

范海涛想方设法让身边的父老乡亲过上最幸福的日子;对自己,却严得很、抠得很。

一个好党员,就应该是一个好人。这句话,范海涛刻在心里。

工人侯继国家里遇到困难,急得吃不下饭、睡不着觉。范海涛发现后,把他叫到办公室,详细询问缘由,当即掏出5000元塞到侯继国手里,接着又发动大伙儿互相帮助,为这位职工解了燃眉之急。

太行山革命老区,新中国成立前入党的老党员还有2000多人。立即行动起来关爱年老体衰、多灾多病、缺少子女照顾的老党员,要让他们安度晚年!在范海涛的积极倡议下,由新乡市委协调,孟电集团的党员和新乡市102位老党员进行一助一结对帮扶,解决了老党员经济、住房、治病、子女就业等生活上的老大难问题。

有一年冬天,范海涛带着年货到大山深处的蔡家沟看望80多岁的老党员勾增银,看到老人居住的房屋漏风漏雨,他的眼圈霎时红了。次日,他就派人进山将老人的房屋修缮一新。

从2006年起，范海涛每年投入帮扶资金30万元，帮助全市的困难党员渡过难关。

从2007年起，他每年拿出50万元，给全市贫困职工补贴生活，一年也没有落下过。

他设立了200万元的教育专项基金，资助数百名贫困学子圆了大学梦。

他出资80万元，为南村镇南村东村修建蓄水池，解决了该村人畜饮水的大问题……

前两年，煤价不断涨，而电价很少动，煤炭价格已经占到火电成本的70%左右。孟电集团1号机组自去年发电以来，累计发电20亿千瓦时，总亏损近亿元。人们问，多发电多赔钱，为什么还要硬撑着？

范海涛的回答是，电这样的商品连着千家万户，关系着经济发展和社会稳定，咱怎么能只算自己企业的经济账？

范海涛还有他长远的眼光——作为共产党员，他要为党的建设做出自己的贡献。在他的策划下，孟电集团出资480万元建立起新乡市村级后备干部培训基地，为新乡市3200多个行政村每村培养1至2名后备干部。目前，1000多名后备干部已经在孟电集团培训后结业回村，成为农村小康社会建设的骨干力量。

范海涛是个心地善良的好人。

他孝顺——给自己定下规矩，不管多忙，都要每天回家陪老父老母吃顿饭，聊会儿天，为他们洗洗脚。

他节俭——自己办的大电厂，一年发电量以亿千瓦时计，办公室里却不肯多开盏灯；他用的手机，还是多年前花200元钱买的“老古董”。

他宽厚——看到群众生活困难，他会坐立不安；发现有人需要帮助，他会立即行动。他为村里建的社区门面房，全部留作村集体财产，自己一间也不留。

他低调——做好事不求回报，伸援手从不声张。新社区建成时，村民郑玉林特意选在那天娶儿媳妇，请人写对联：进社区住别墅兴高采烈；感范公报梓里共享成果。范海涛看到了，连忙说：千万不要感谢我，不要感谢范家。咱是党员，就图为党增光添彩，只要大伙说句“共产党好”，就是我最大的满足！

好党员范海涛，留给大家的，就是这样一个高大清新、心系群众、勤奋敬业，靠得住、信得过的形象。

（原载于2012年12月7日《人民日报》）

短评 信仰的力量

支部书记范海涛的事迹令人感动。为群众建现代化居住社区，他舍得拿出自己企业的巨额资金，只要乡亲们过得幸福；为了家乡山清水秀，他舍得拆除价值10个亿的发电机组，只要国家需要、人民需要；为给生活困难的老党员、老职工解除后顾之忧，他舍得牺牲自己的利益，身体力行地帮助人们走出困境……范海涛是个名副其实的好党员。

好党员的背后有力量，那力量就是共产党人的信仰。“只要大伙说句‘共产党好’，就是我最大的满足”，这句朴实的话，道出了范海涛的心声。共产党员不论职位高低，不管身在何处，只要坚定理想信念，坚持实事求是，推动科学发展，密切联系群众，加强道德修养，严守党的纪律，就一定能够成为人民群众信得过、靠得住的好人，就一定能为老百姓办实事、办好事。

中原澎湃海涛声

——新时期史来贺式先进群体引领者两栖书记范海涛的民生情怀

党员是党的政策执行效果的代言人，村党支部书记是带领群众奔小康的第一责任人。这份卷子范海涛得了满分。

怎样做人做事？生命为谁而活？范海涛从实处给出了一张完美的人生答卷。

好党员范海涛，留给人们的是一个高大清新、心系群众、勤奋敬业，靠得住、信得过的形象。

人们说，河南省新乡市辉县市孟庄镇南李庄村党支部书记、河南孟电集团党委书记范海涛，满腔赤诚为人民服务的忘我奉献精神，不是写在材料上的文字，而是实实在在的人与事，是百姓的口口相传，是共产党人真真切切的实际行动。

他用自己的实际行动，让老百姓享受到党和政府带来的幸福生活。

一石激起千层浪。范海涛的感人故事在中原大地传颂，引起了人们的广泛共鸣，赞扬声如潮。

海涛声在中原大地澎湃！

他把道德看得比金钱重要

辉县市一位老较真撰文说，先后投资近2亿元建设新型农村社区，投资3000万元建建材城，无偿馈赠村民，几年内扶危济困的零散资金超过2亿元……算不上巨富的河南孟电集团，花起钱来为何屡屡有大手笔、大动作？

答案是：范海涛把道德的富裕看得比金钱的富裕更重要。

全国劳动模范、河南孟电集团董事长范清荣说：人活着图个啥？就是给社会、给人民做贡献。他的儿子，同样是全国劳动模范的孟电集团党委书记、总经理范海涛说出了几乎同样的话：人要那么多钱干啥？现在不回报给社会，死后也是要留给社会的——金钱散去，道德归来。

范氏父子在道德道路上的轨迹不但清晰可循，并且有一个明显的递进过程。

道德是啥？人类最原始的冲动，就是满足自己的私欲，就是利我；人是群居动物，很多时候私欲和公欲难免发生矛盾。此时，道德就是不因个人伤群体，不因私利伤公利，这也是道德的第一层级。

在私利和公利之间，在环境、能源与企业利润之间，范海涛站在了道德这一边。

相对第一层级道德的被动，第二层级的道德就具有主动性，愿意积极拿出私利满足公利，只要有利于社会，个人吃亏也乐意。2010年，范海涛拿出近2亿元建设南李庄社区，无偿馈赠给村民。他年近八旬的父亲范清荣，每天都坚持在小区现场指挥，确保工程质量和进度。很多孟电员工下班之后，都会到工地义务劳动……

道德的最高境界，就是无意识的道德，或者说是下意识的道德，道德已经成为一种习惯，已经成为性格的一部分。

范海涛说，企业的发展，是各级党委、政府扶持和社会各界支持的结果，所以，企业积累的财富，就是社会的共同财富，企业应主动用财富回报社会，形成良性循环，才能促使整个社会和谐发展——这就是道德的声音。

莎士比亚曾经说过，道德和才艺是远胜于富贵的资产。堕落的子孙可以把显贵的门第败坏，把巨富的财产荡毁，而道德和才艺却可以使一个凡人不朽。

这就是范氏父子的真实写照，他们令人肃然起敬，他们身上闪耀着党性的光芒、人性的光辉，他们堪称道德巨富。

（原载于2013年3月14日《经济参考报》）

一个共产党员的坚守与追求

——记新乡市辉县市孟庄镇南李庄村党支部书记范海涛

范海涛有两个身份：一个是河南省新乡市辉县市孟庄镇南李庄村党支部书记，一个是河南孟电集团党委书记、总经理。作为孟电党委书记、总经理，范海涛从2002年企业改制以来，带领员工拆除3条立窑水泥生产线，建设6条干法水泥生产线，使水泥年产量达700万吨；向国家能源局主动请缨，爆破拆除8台小火电机组（企业直接损失10.3亿元），投资26亿元建设2台30万千瓦热电机组，使孟电集团固定资产从改制前的2.5亿元增至现在的60亿元，上缴国家税金由改制前的800万元增长到2011年的1.6亿元。

作为南李庄村党支部书记，范海涛为从根本上改变南李庄村的落后面貌，由孟电集团出资1.6亿元，让全村351户农民住上了复式别墅。如今的南李庄社区，一栋栋红黄相间、造型别致的农家别墅矗立在鲜花绿树之间，大理石铺就的中心广场上，昔日的农民享受着过去只有城市居民才能享受的休闲生活……

接触范海涛，你会发现，这是一个言语不多但内心世界却异常丰富的人，这是一个口号很少但行动起来却无比坚定的人。

道之所在，虽千万人吾往矣。在一系列自身利益和国家利益、经济效益和社会效益发生激烈冲突的重大抉择面前,一般人做不到的,许许多多人做不到的,范海涛做到了:他总是把党的利益、人民的利益和国家的利益看得高于一切!

他身上凝聚的这种超乎常人的震撼人、感动人的巨大力量到底源自何处?

沿着范海涛的足迹探寻、思索,跟着他的脚步寻觅、分析,我们试图走进海涛浩渺的内心深处,走进他深邃的精神世界……

他竭尽全力为群众谋幸福,就为了让老百姓说一声共产党好。简单朴实的道德逻辑,使范海涛的政治志向至纯至大至坚至刚:他一直在坚定不渝、身体力行地为党的形象、党的事业增添正能量。

范海涛出生在一个农村基层党支部书记世家。父亲范清荣、母亲顾族荣,先后在南李庄村任村党支部书记。范清荣两口子为群众办好事办实事的佳话,村民们说了几十年!

2008 年,时任河南孟电集团党委书记的范海涛接过父母的接力棒,同时担任南李庄村党支部书记。父辈的经历,父辈的教诲,养育了他朴素的政治信仰:党为人民谋福利,所以我爱这个党;我爱这个党,所以我要为群众谋福利。

深蕴在范海涛内心深处的这一逻辑组合,坚实地把他支撑为一个大写的人,一个用特殊材料铸造的人。他的信念,他的行止,就建立在这样的道德逻辑上,建立在这样的信仰基础上。简单,朴素,却又至纯至大至坚至刚。

范海涛说曾经有两个画面在他的记忆里永久定格。

第一个画面:2010 年,他决定出资 1.6 亿元,无偿为全体村民建设新社区时,范家最小的孩子从远处摇摇晃晃地向家里跑过来,一边跑,一边用童稚的声音发问:爷爷,爷爷,为什么用咱家的钱给别人盖新房?

回答这个问题的是海涛生活经历中另一个定格的画面。

2011年10月1日，海涛作为全国劳模的代表，参加了庆祝中华人民共和国成立62周年首都各界向人民英雄纪念碑敬献花篮的庄严仪式。当跟随着党和国家领导人的脚步走过人民英雄纪念碑时，海涛说，来自内心深处的震撼无以言说。

海涛一直把2011年国庆节向人民英雄纪念碑献花仪式的影像资料保存在电脑桌面上。他说，不时地凝视她，既是对自己灵魂的洗礼，也是在对某种世俗目光做出回答。

在村支书的岗位上，他首先想的是为群众做实事，做好事，让群众通过自己的行为举止感知党的温暖，认知党的形象；让群众通过一个基层共产党员的表现体会共产党好这一真理。

他把村民的冷暖安危挂在心头，把村民的困难呼声放在心间。他知道每户村民的疾苦和喜悦，了解每个村民的远忧近愁。他为群众办的好事实事，没有人能够说得清。不显山不露水、和风细雨润物无声式的好事天天都在做，天翻地覆、震撼人心的响雷也放了一个又一个。

他把晴天是灰、雨天是泥的大街小巷修成了宽阔平坦的水泥路；

他把一家一户的饮水小压井变成了深井供应的自来水……

2010年，他又下决心要把南李庄群众的住房问题一劳永逸地解决好。

当时，正是孟电集团上2×30万千瓦发电机组的关键时期。这个项目总投资26亿元，企业资金缺口非常大。

在这样的当口，提出建设新社区的事儿，确实让许多人始料不及。人们粗粗估算，全村351户人家，一家一套叠加别墅，总投资少说也得1.5亿元，再加上其他公共设施，需要1.6个亿。

而且，海涛的想法是，不让村民拿一分钱，建设新社区的全部费用都由他经营的孟电集团承担。

这个晚上,海涛一家由两代三任村支书参加的家庭会议在他们家举行。父亲、母亲这两位德高望重的老支书,海涛的哥哥、弟弟、嫂子、弟妹,加上儿孙辈们,大大小小全都如数出席。

父亲范清荣、母亲顾族荣端坐在上座,海涛坐报告席。

海涛看看老父亲,再看看老母亲,目光从所有家族成员的脸上扫过,又缓缓地回到父母这里,他说:爸,妈,我决定了,新社区的事儿就启动吧。

老父亲看看老母亲,老母亲看看老父亲,两个人的目光又都回到海涛这里,老父亲说:确实该干了,我和你妈也都是一个心愿,让街坊邻居和咱一样住上像样的房子。乡亲们住不好,光咱自己住着好房子,心里总是不安啊!就是不知道,这节骨眼上,资金……

“资金确实紧张,但新社区的事儿不能再等了,我们作作难,想想办法吧。”海涛接过父亲的话头说,“早一天让大家住上好房子,比啥都强!”

家庭会议做出决定:拿出 1.6 亿元为南李庄全体村民建新型社区,让全村 351 户居民都住上和自己家一样的叠加别墅!而且要当年拆迁,当年建设,当年入住。

母亲顾族荣还特别交代海涛:乡亲们有在自己窝里过年的习俗,你一定要赶在春节前让大伙儿搬回新居,在新社区里欢欢乐乐过年!

2010 年 4 月 1 日,范海涛和村两委召开全村村民大会。他对乡亲们说:我们要建新社区了,新社区的房子啥样子?就按我家现在住的样子盖,我的房子什么样,你们将来的房子就是什么样。每家每户都一模一样,只要是咱南李庄人,没有贵贱,没有差别,半年以后,大家都可以住上两层叠加别墅。我只有一个请求,希望大家早点搬迁,腾出施工的地儿,让施工队早日进来!

海涛的话,在村民中掀起了巨浪。或欣喜若狂,或不敢相信,或半信半疑……

唧唧喳喳、窃窃私语中,一个声音出现了:支书,那我们现在住哪里啊?

海涛笑了:早知道会问这个。投亲靠友,出外租房都行。我们给每一家每月提供 300 元租金,一次性付给 6 个月。开完会就可以去领,每户 1800 元。

会场上喧腾到了极点。掌声、笑声、欢闹声,把南李庄的这一天装饰成了一幅节日画卷。

海涛很快请北京设计院的专家拿出了新社区规划图。

在大伙儿看着规划图乐个不够时,却有几个村民来找海涛。来找海涛,却又你推推我、我推推你,谁也不肯开口。海涛看他们腼腆的样儿,笑了:啥事儿直说吧,还用推推搡搡的!

年龄最大的老人说话了:大伙儿都不好意思再张口提要求,但都想,是不是能有个地下室,放放杂物,哪怕 10 平方米也行!话没说完,老人脸先红了。

海涛叫来了设计人员,测算造价,当即拍板:为每户增加 60 平方米地下室。

从 2010 年 4 月 1 日动员算起,南李庄村整村拆迁仅用了 5 天时间。新社区建设的大幕随即全面拉开。一时间,20 多个工程队 4000 多人聚集于此,南李庄新社区的建设场面蔚为壮观。

范海涛在孟电和村里两头跑,累得患了重感冒,一直好不了,输水输得胳膊上不能扎了,就在脚上扎;老父亲范清荣搬了把藤椅坐在工地上监工,他说:我虽干不动了,但坐在这儿,对工程进度、工程质量也有好处!母亲顾族荣也是不停地在工地上忙活,生怕哪里出一点儿差错。

一直到工程于年底完工,村民们住进别墅,范家两代三任村支书的心里才一块石头落了地。

乔迁新居,村民郑玉林特意选在社区落成那天迎娶儿媳妇,他家门前的对联是他专门请人撰写的，上联是，进社区住别墅兴高采烈；下联是，感范公报梓里共享成果。那天，郑玉林非要拉着海涛到家里来喝喜酒。海涛来了，看啥都满意，就是指着那副对联跟玉林说：不要感谢我，不要感谢范家。咱是共产党员，咱所做的一切，就图为党增光添彩。只要能听见老百姓说"共产党好"，就是俺最大的满足！

他把眼光盯着弱势群体，盯着困难群众，盯着最需要帮助的人，为他们切切实实做实事。在范海涛的身上，在他所有温暖向善行为的背后，毫无疑问，有一种触动灵魂、点亮激情的能量在恒久释放……

南李庄村300多户人家，谁家的日子过得如何，海涛这个做支书的，心里大都知道个八八九九。而其中最让他牵挂体恤的，还是村里的老弱病残……

老人申印全70多岁了，家里三天两头生气，过不上个安稳日子。海涛知道船在哪里弯着呢：老人就一个闺女，找了个上门女婿。闺女不孝顺，嫌弃爹这了，嫌弃爹那了，整天挑老人的毛病。海涛最看不惯这种不孝顺的人，他掂着点心、礼物，几次三番上门做工作，跟闺女说，可闺女道理多着呢；跟女婿说，女婿说，他闺女和他闹意见，我有啥法？海涛生气了，把礼物往桌上一撂：你俩说个利亮话，这个爹你们养不养？养，就好好孝顺着；不养，我今天就把老人带走！村里人说，遇到这种事，海涛再忙都要出面。

孟庄镇6岁女孩赵嘉谚，父母不幸去世，跟着奶奶一人过活，日子比较艰难。海涛交代身边工作人员，要把这一老一小的生活安排妥当。那一天，嘉谚的奶奶跑到办公室找海涛，给海涛拿了几个橘子和一小袋糖。海涛感动得不行，送别老人时，给老人手上塞了1000元，老人死活不要。老人说：我不是来要钱的，我是来感谢你的，你把我们老的小的照顾得这么妥帖，我都不知道该怎么感谢你这大恩人！老人几句话，把海涛说得眼圈红、鼻子酸。他对老人说：我是党员，你们的日子过不去，我身上就有责任。以后有啥难,就找我范海涛吧,共产党不会看着任何一家人生活过不去!

工人侯继国的家里遇上了急事,几天饭吃不下,觉睡不香。侯继国的反常行为被海涛看在眼里,他把侯继国叫来详细了解情况。当得知侯继国家里急需用钱时,他首先掏出5000元交给侯继国,然后又发动大伙儿互相帮衬,为侯继国解了燃眉之急。

不仅对村里的困难群众、对企业的困难工人海涛体恤关怀,就是对外地的老弱病残者海涛也总是及时地伸出援助之手。从2006年起,范海涛就对新乡市102户新中国成立前入党的困难老党员家庭进行定点帮扶。海涛曾七下黄河滩,给战斗英雄、老党员牛合群祝寿,与103岁老党员袁兴起叙家常……2009年1月10日,他带着年货到大山深处的蔡沟村看望83岁的老党员勾增银,看到老人居住的房屋破得不行,海涛眼圈红了,第二天他就派人进山为老人把房修缮一新。

海涛的善举一桩桩一件件,人们数不清;海涛的爱心一点点一滴滴,人们感觉得到……

他从2006年起,每年投入帮扶资金30万元,帮助全市的困难党员解决燃眉之急;

他每年拿出50万元,为全市的贫困职工贴补生活,从2007年起,一年也没落下过,即使在企业最困难的日子里也不曾或缺;

他设立了200万元的教育专项基金,资助数百名寒门学子圆了大学梦;

他出资80万元,为南村镇南村东村修建蓄水池,解决了长期困扰该村的人畜饮水问题。

在南李庄,在孟庄镇,在辉县市,范海涛就是一个凝聚着纯洁善良气质的名字,就代表着一颗洋溢着温暖善意的心灵。

他是我们成千上万普通人中的一员:他是一个农民的儿子;他文化程度不算太高;他当工人,干警察,做企业,有过成功和喜悦,更多的却是挫折与磨难。但无论自己处境如何,不管自己是贫是富,他的内心始终绽放着善意的光亮:看到群众生活陷入困境,他会痛苦得坐卧不宁;听说素不相识的人需要救助,他情不自禁一次次伸出温暖的手。回眸他的行善足迹,检视他的利他行为,不难发现,在范海涛的身上,在他所有温暖向善行为的背后,毫无疑问,有一种触动灵魂、点亮激情的能量在恒久释放……

肩负社会责任感前行,这是范海涛多年来的价值追求和行为准则。坚守在自己的岗位上,做一个具有公民精神、普世情怀的人;面对纷纭复杂的现实,多一份对社会的关注和对事业的担当。

过去,片面追求 GDP 而造成的环境破坏的后果开始显现出来。

孟电所在的辉县市也不例外。面对生态环境频频告急的现状,范海涛敏锐地意识到,企业的发展再也不能以牺牲环境为代价!

2003 年,孟电集团果断关停了 3 条生产技术落后、产品质量低、规模小、污染严重的立窑水泥生产线。

4000 万元的投资,6000 万元的年产值,顷刻间灰飞烟灭!

孟电此举,拉开了辉县市乃至新乡市关停小水泥厂的序幕。在他们带动下,两年间,新乡全市爆破拆除了 65 家水泥企业的 114 条立窑生产线,关闭、搬迁了 170 多家碎石场。

如果说 2003 年关停 3 条立窑水泥生产线让很多人感到可惜的话,那么,2007 年范海涛主动请缨,要爆破炸毁装机总容量为 17.5 万千瓦的全部 8 台小火电机组,则无疑是在所有孟电人的心上扎了一把刀!

回顾一下孟电集团的发展足迹,或许可以使我们加深一分对孟电人此时此刻心情的理解。

孟电以小火电起家。第一个小火电机组的装机容量仅 6000 千瓦! 而今天 17.5 万千瓦的发电机组,说爆破就爆破了,价值超 10 亿元的家当说没有就没有了! 要知道,这是孟电集团电厂创业至今的全部资产,这是 1000

多名电厂工人赖以养家糊口的饭碗,这是范家父子两代 20 年来苦苦奋斗的心血结晶……

然而,别无选择。辉县的绿水青山在呻吟,父老乡亲的目光在期盼,子孙后代的福祉在召唤！在企业应承担的社会责任面前,范海涛斩钉截铁地选择爆破!

2007 年 10 月 26 日,是所有孟电人终生难忘的日子。为落实国家“上大压小、节能减排”的产业政策,孟电人要亲手将自己辛苦奋斗几十年建成的 8 台机组爆破拆除!

这是全国第一家对小火电机组实施爆破拆除的民营企业。

为了见证这一历史性的时刻,时任国家发改委能源局局长的赵小平亲临现场,中央电视台向全国观众现场直播爆破拆除实况。

创业者范清荣带着一家老小来了,电厂 1000 多名工人来了,他们围绕 8 台机组转了一圈又一圈,他们和 8 台机组合影留念依依不舍,他们对 8 台机组窃窃私语有说不完的心里话……

孟电人在与他们亲手养育大的孩子作别!

范海涛不忍目睹此情此景,他扭过头,眼里已满是泪水……

一声巨响,高耸的烟囱、巍然挺立的凉水塔轰然倒地,孟电人 20 年的心血、10 亿多元的资产化为乌有。

时任国家发改委能源局局长的赵小平临走发出这样的感慨:全国爆破拆除小火电,孟电人觉悟最高,损失最大,配合最好。没有家国情怀、社会责任感,做不到!

如今,辉县不再是“灰县”！辉县的老百姓会告诉你,范海涛带领的孟电集团,为还给辉县人一个绿水青山的生态环境,立下了头份功劳。

孟电集团的荣誉室内,一帧帧照片,一个个故事,体现着范清荣、顾族荣、范海涛和孟电集团一脉传承的奉献社会的价值观。

近两年,电价相对稳定,煤价涨幅较大,煤炭价格已占到火电成本的70%左右。孟电1号机组自去年发电以来,累计发电20亿千瓦时,总亏损近亿元。

许多人问,多发电多赔钱,为啥还非要硬撑着?

范海涛的回答是:电这样的商品连着千家万户的生活,关系着经济的发展和社会的和谐,咱咋能只算自家企业的经济账?

为此,河南省委书记卢展工在一次会议上颇动感情地说:煤价上涨,电企发电多亏损多,许多发电厂都在明里暗里找借口尽量少发电,可你们去孟电看看,那里一台机组都没有停!这就是社会责任感,这就是企业家的境界和胸怀!

在新乡市民营企业中,孟电集团论规模排不上第一,5年来上缴国家的税金却高达5.7亿元,是全市民营企业之最。

几十年来,孟电集团,仅优惠电费一项就让周边的中小企业得到10亿多元的实惠,为农民提供了无数个就业门路。

一些非公经济企业往往片面追求利润的最大化,重视经济效益,不重视社会效益,更不关心企业党的组织建设。孟电不然,范海涛说,孟电最骄人、最珍贵的就是红色资本。他们把党建工作看得比什么都重要。2006年就成立党委,党支部、党小组、党员随时活跃在各个岗位各个角落,形成了党的组织脉络全覆盖。在去年的创先争优活动中,孟电集团被评为全国先进基层党组织。今年3月21日,全国非公制企业党建工作会议在北京召开,范海涛参加会议交流经验,受到了习近平同志亲切接见。

前行的路上,对社会事业的关注和对党的事业的担当,一直是范海涛内化于心、外化于行的自觉行动。

为社会服务、为人民服务的坚定信念贯穿于范海涛的每一次取舍抉择之中。他始终把共产党人的理想熔铸在血脉之中,他坚持以实践诠释共产党员的责任与使命，他不懈地以谦恭敬畏的心态守护、葆有着共产党人的党性纯洁，他在一个非公企业的特殊岗位上奏响了一曲为党的崇高理想不懈奋斗的时代强音。

他追求做一个高尚的人，纯粹的人，有道德的人，脱离了低级趣味的人，有益于人民的人，回答了怎样做人、为谁活着这个植根于人生本质的永恒追问。

有这样两个特写镜头一直闪烁在记者的脑海里——

在范海涛的办公室里。海涛一大早走进来，没有开灯。他走到办公桌前，一边拿起当日的报纸文件，一边拉过一把椅子，坐在靠近窗户的地方，趁着旭日的光亮阅读起来。

孟电集团办公室主任鹿秀辉告诉记者，这是范总天天都在重复的一个办公场景。他不让开灯，怕浪费电。因为办公室没有及时关灯之类的事，他把鹿秀辉吵哭过。

还有一个镜头，发生在郑州的一家专门经营老年人服装的商场。

四十好几的海涛牵着七十多岁的妈妈的手，在给妈妈挑衣裳。那情景自然、温馨、祥和。

起初，商场的服务员都用奇异的目光打量这娘儿俩，年轻一些的不知为什么还忍不住想笑……

这样的场景在这个商场多次出现，以至于后来营业员们都习惯了他们的这种亲近。一看见他们娘儿俩，就笑着打招呼：儿子又来给您买衣裳了？

范海涛到底是个什么样的人？

和海涛身边的人在一起交谈，他们这样向你介绍海涛：

——他这人没有不良嗜好，连酒都不喝一口。

——从来不去娱乐场所，边儿都不沾。

——对别人好，对自己抠，抠门到极点！

——孝顺,在家给他爸、他妈洗脚。不是做样子,只要在家,天天都洗。

——光做好事,社会上乌七八糟的事绝对没他的份儿。

海涛自己说:做好事还做不及呢,哪有心思、哪有时间去做坏事!一辈子做好事,做好人,做像毛主席要求的五种人那样的人,人生才有意思,活着才有意义!他把毛泽东在《纪念白求恩》一文中的那段话放在自己的办公桌上,作为座右铭——一个人无论能力大小,只要像白求恩那样,有毫无自私自利之心的精神,就是一个高尚的人,一个纯粹的人,一个有道德的人,一个脱离了低级趣味的人,一个有益于人民的人。

他是一个家庭观念很重的人:他把孝顺父母、孝顺老人看得比天都大,从集团到村里每天事务繁复,但海涛给自己的规定是,不管再忙一定要每天回家陪老父老母吃顿饭……

他是一个节俭意识极强的人:一粥一饭当思来之不易,半丝半缕恒念物力维艰。自己办的大电厂,一年发电量以亿度计,却不肯多开一盏灯;他用的手机,是200元买来的诺基亚,老得绝对堪称古董!

他是一个仁义宽厚的人:不敢看见别人作难,不忍看见别人受苦。怜恤弱者是他最大的人性特点。与肩挑贸易,勿占便宜;见穷苦亲邻,须加温恤。他最看不惯的是那些见富贵而生谄容者,遇贫穷而作骄态者。

他是一个含蓄内敛的人:做事不图回报,不事张扬,善不欲人见,惠不图人念。而对于有恩于他的人,他却不敢或忘,总是时时铭记于心。

他是一个极爱清洁的人:黎明即起,洒扫庭院,要内外整洁。海涛自己这样做,也要求部属、工人这样做。走过无脚印,拂过无灰尘。孟电人每天提前10分钟到岗打扫卫生,已是不成文的厂规。范海涛说:卫生不是打扫给别人看的,环境清新心地才能干净!

没错,范海涛生活在市场经济的滚滚红尘中。然而,可贵的是,他始终保有一颗质朴的赤子之心,他始终以中华民族的传统美德和社会主义核心价值观去克服市场经济可能裹挟而来的消极因素，身体力行地倡导人与人之间真诚、善良、奉献的精神。他在带领企业追求利润最大化、效益最大化的同时，时时注意倾听道德良知的深沉呼唤；他用自己的行动引领企业在物质浪潮的冲刷中坚守价值理念，彰显道德追求。

范海涛，在自己站立的那片土地上，以自己的姿态，自己的行止，回答了怎样做人、为谁活着这个植根于人生本质的永恒追问。

（原载于2013年11月27日《河南日报》 记者 王俊本 史稼轩 李虎成）

短评 共产党人不变的魂

一个人做好事不难，难的是要一辈子做好事；一个人奉献一阵子不难，难的是奉献一辈子。做一辈子好人，做一辈子好事，不仅需要超凡的毅力、崇高的境界，更需要对理想信念、精神家园的不懈坚守。对理想信念、精神家园，是坚守一辈子，还是坚持一阵子，这是决定人生价值的分水岭，也是检验每个党员合格与否的试金石。

信仰，是人生前进的动力。作为一名普通党员、基层干部，范海涛为群众做好事做实事做善事不为别的，就为一条——让老百姓说共产党好，说政府好。这是他朴素的人生信仰，也是他做人做事的基本原则。

行源于心，力源于志。落实国家节能减排政策，范海涛毅然决定壮士断腕，爆破拆除自己企业的小火电，损失10亿多元；让乡亲过上城里人的生活，范海涛自掏腰包1.6亿元，无偿为全村351户村民建设新社区；履行企业社会责任，范海涛的企业宁愿赔钱也要坚持发电，为千家万户送去光明……为国家分忧，为群众谋利，一般人做不到的，许多人难以割舍的，范海涛无怨无悔坦坦荡荡地做到了、做好了，为党的形象、党的事业增添了正能量。

范海涛的坚守说明:信仰的力量在于坚守和实践。没有实践,信仰就是空中楼阁;没有坚守,信仰就失去了存在的根基。无论时代如何变迁,对信仰的忠诚和实践不改,保持先进性、纯洁性,始终是共产党人如磐的根、不变的魂。

(孙 勇)

后　记

范海涛是全国数百名道德模范中的一位,他不仅是新乡市人民的光荣,更是全河南人民的骄傲。

范海涛不平凡的事迹感动着我们,他的高尚道德品质影响着我们,他的马克思主义世界观、人生观、价值观教育了我们,他务实为民清廉的优良作风冲击着我们,他无私奉献的革命精神激励着我们。

为响应习近平总书记和党中央的号召,深入开展学习宣传道德模范的先进事迹,充分发挥道德模范的示范引领作用,引领人们崇德向善、见贤思齐,激励广大干部群众立足本职工作学习道德模范,扎扎实实做好自己的工作,为实现中国梦贡献智慧传播正能量。为此,我们组织写作班子,多次到孟电集团、南李庄村调查采访,在此基础上终于完成了长篇纪实报告文学《观海听涛》的创作。

该书图文并茂,由引子、尾声和十一章组成。全书内容结构,是以范海涛成长过程为历史线索,以他的人格品质、无私奉献精神为主线,以他道德诚信、人生观、价值观、群众观为主题,展现出七个突出:突出范海涛"家国一体、家国同构",忠于党、忠于人民的赤子之心;突出范海涛以民为本、扶贫济困、乐于助人的道德情操;突出范海涛造福一方、富而思源、充满大爱的赤子情怀;突出范海涛爱岗敬业、忠于职守、科学发展的敬业精神;突出范海涛维善为宝、乐善好施、讲邻修睦的友善胸襟;突出范海涛自强不息、厚德载物、社会担当的精神境界;突出范海涛务实为民清廉的优良作风。

本书由中共河南省委党校专家教授领衔主创,同时邀请了有关专家、作家、媒体人士参加了本书创作。本书由中共河南省委党校科学社会主义教研部原主任、国家社会科学基金项目通讯评委、国家社会科学基金项目研究成果鉴定专家、中国科学社会主义学会常务理事、河南省科学社会主义学会常务副会长、河南省省管优秀专家侯远长教授,中国铁路作家协会副主席、郑州铁路局原局长徐宜发红旗文摘杂志社河南工作负责人王留彦等担任统筹,并负责全书的选题策划、框架设计、统筹编审和定稿工作。孟电集团党委副书记王文学负责本书的策划统筹工作。

参加本书撰稿的作者有:徐宜发(第一章、尾声),常川玉老师(第二章、第三章),姚巧华副教授(第四章),赵声芳老师(第五章、第六章),楚向红博士(第七章),杨群红教授(第八章),侯远长、康玉娥(第九章),王留彦(引子、第十章、第十一章)。本书图片由河南孟电集团提供。

在本书撰写过程中,我们参阅了近年来有关报道、著作和研究成果,借鉴并引用了一些权威媒体的资料,限于篇幅,恕不能一一列出,在此一并向他们致以真挚的谢意。因本书创作人员的水平能力有限,不当之处在所难免,恳请广大读者批评指正。

作　者

2014 年 7 月